ミライを変える

テクノロジーで世界を刷新する!

Innovation powered by Technology Entrepreneurs

モノづくりベンチャーのはじめ方

丸 幸弘
株式会社リバネス代表取締役CEO

実務教育出版

はじめに

おそらく、本書を手に取った人の多くは、20〜40代の方々だろう。僕は24歳の大学院時代、学生ベンチャーとして「リバネス」を立ち上げた。

だからといって、学生ベンチャーを推奨することはない。「学生での起業はやめておけ」「少し待て」といっているくらいだ。学生の身ではお金も持っていないし、経験もない。そのことを僕自身、痛感している。

もちろん、学生ベンチャーとして起業し、大成功した事例も周りにあるけれど、成功事例の多くは30〜40代にかけて起業（創業）した人たちだ。

なぜ、彼らはうまくいったのか。一つには、10年以上働いてきたことで、自己資金を一定程度、蓄えていたことがあげられるが、それは重要ではない。最も大きいのは、彼らが「課題」をしっかりとつかみ、それによって解決する目標を見据えて起業を決意した、ということだ。

いったん課題が見えてしまえば、解決するルート・方策はいくつもある。あなた自身が何をやりたいのかがわかっているし、何を果たさないといけないかも見えている。自分の果たすべき「課題」に巡り合った人は強い。

会社の中で10年も働いていると、いろいろな経験をする。たとえば海外に赴任したとしよう。豊かになった日本では気づきにくいが、バングラデシュで栄養の足りない子供たちを見たり、フィリピンで電力が整っていなくてランプ生活をしている様子を間近に見たりする。すると、食べ切れずに食べ物を捨てている日本の現状をどうにかしたり、自分たちの会社が使っていない特許を開放したりすることで、困っているたくさんの人々の幸福に貢献できるのではないか……と、ある日「課題」が見えてくる。課題を見つけるには、一定程度の時間と経験が必要なのだ。

もちろん、すべての人ではないけれど、僕はそういう人にこそベンチャーを立ち上げてほしいと思っているし、成功してもらいたいと願っている。

本書のタイトルは『モノづくりベンチャーのはじめ方』という、きわめてシンプルなものだ。ベンチャーの起業でいちばん成功確率が高いのは、モノづくり分野ではなく、ITの分野であることはよく知られている。ITの世界はすでに大きな市場を成していて、成功するためのビジネスモデルもあるから、ノウハウも伝えやすい。資金も少なくて済むし、成否も早めに出る。だから書店に行くと、ＩＴで起業するための書籍が多数出ているけれど、なぜか、モノづくり系ベンチャーの本は皆無といっていい。

それは「モノづくりベンチャー」が一筋縄ではいかないからだ。第一にお金がかかる。結果が出るにも時間がかかる。ハードルがＩＴ系に比べ、一段高い。だから、たとえあなたが課題を意識できていて、目標が見えていたとしても、実現するための手法は十分に考えておかないといけない。

具体的な対策や戦略については、洗いざらい本書で伝えていくにしても、ここでは、「モノづくりベンチャーは、ＩＴでの起業に比べ、ハードルが高い」という事実はまず肝に命じておいてほしい。


ところで、いまの時代、①日本人で、②モノづくり系の事業で成功し、③哲学も合わせもった人、というと誰を思い浮かべるだろう。僕自身、なかなか名前が出てこない。

モノづくり系の哲学だけでいえば、大学教授の中にはいるかもしれない。しかし、実際にモノづくりをして、事業としての成功事例を人々に示せているわけではない。逆に、モノづくり系の事業家で成功していても、哲学までもち合わせている経営者が現在の日本にいるかと考えると、ほとんど思い浮かばない。それが現状だ。

しかし、60年ほど前には、パナソニックの松下幸之助、ホンダの本田宗一郎、ソニーの盛田昭夫、井深大、堀場製作所の堀場雅夫、オムロンの立石一真などに代表される人々の会社が「モノづくりベンチャー」として全国に無数に存在し、活躍していた。彼らは現場でモノをつくるだけでなく、自分のもつ技術で何を提供でき、それでどんな日本社会を実現したいのか、暮らしを変えていけるのか、それを広く世間に発信し続けた。

彼らには物語があった。

では、いまは何が違うのか。よく指摘されるのは、日本市場が飽和したことだろう。たしかに日本市場や海外の同種の市場ばかり見ていれば、白物家電をはじめ、すでにモノづくり市場は飽和しているといってよい。

けれども、僕は二つの点で「違う！」といいたい。

一つは、先ほども述べたように、同じ世界に暮らしていながらも、我々とは異なる生活を強いられている人々が多数存在していることだ。そこに目が向いていない。ユーグレナの出雲社長は学生時代、バングラデシュに出かけて現地の栄養状態を目の当たりにした。そして、ミドリムシで世界を救おうと考えた。僕らは彼の夢を実現させるため、世界初の新しい技術を開発した。そこに「モノづくりの原点」がある。

二つ目は、新しい技術が新しい社会、新しい市場を生み出していく、という大原則を忘れていることだ。クルマが生まれて百年。それがいまだに地べたを走り回っているではないか。なぜ、空を飛ぶクルマがないのか。法律のせいにしてはいけない。技術が開発されてこなかったからだ。空飛ぶクルマが一般化すれば、交通渋滞も解消される。大きく社会は進歩し、そこに新たな需要が生まれる。

他にも、なぜ台風の巨大なエネルギーを我々は発電に使えていないのだろうか。グーグルはGoogle Earthで地表面を見せてくれたけれど、なぜＭＲＩで輪切りするように地中マップができていないのだろうか。夏になると、悲惨な水の事故が起きるけれど、なぜ人間はいまだに水の中で息をすることができないのだろうか。

これらも「課題」をキャッチできれば、技術の道は開けてくるものだと思う。その課題のタネをいまの日本で発見するのはむずかしい状況になってきた。それこそ、この数十年間、現状で満足と考える人が増えたからだろう。

だからこそ、目を世界に向け、現地の生活を見て、感じて、経験してくることが、課題の発掘に必要になってきていると思う。そうして課題を見つけた人の中で、社会をよくしたいと思った人が「モノづくりベンチャー」に挑戦すれば、成功する確率は高い。

僕は、人類の進化を促す仕事をしたいと思っている。人の苦役を減らし、さまざまな課題を解決し、社会をよくしていく。そんな世界は「モノづくり」から生まれてくる。僕は、一途にそれに賭ける人々の活動を後押ししたい。そのために、本書がそれらの人々の一助となれば、これほど嬉しいことはない。

さあ、一緒にミライを変えていきましょう！

2017年8月

丸 幸弘

ミライを変える

モノづくりベンチャーのはじめ方

contents

CONTENTS

はじめに　1

第1章 「解」は転がってはいない、だから一緒に考える

1　道を切り拓くのは創業者の〝熱い想い〟　14
2　課題を解決できる人を全国から探し出せ　20
3　「ど真ん中」の研究者なんて、どこにもいない！　25
4　起業をめざすのか、創業をめざすのか？　29

第2章 「最強軍団」を集める！

1　「軍師」につながる道を確保する　40
2　バックに多分野の専門家をつけろ！　44
3　どんな人材を探し出すか？　48
4　モノづくりベンチャーの取締役に必要なもの　55

5 ベンチャー版「3本の矢」 59
6 ビジョンを語り、泥臭い一歩を踏み出せるか 61
7 ベンチャーの採用は「信用」を買え 65
8 海外ではどんな人材を採用するか？ 70

第3章 視点を変えると、ベンチャーは動き出す

1 [町工場＋ベンチャー]でつくる日本型エコシステム 76
2 [塩ランプ＋IoT]を日本とフィリピンで分業 80
3 経験がビジョンを生み出す 84
4 ロードマップに沿って技術を見せる 90
5 〝他力技術〟だって使いよう 97
6 キャッチコピーで引き寄せる 100

第4章 負を長所に変える！

1 イーロン・マスクの話術はうまいか？ 108
2 ベンチャー連合で相乗効果をあげる 114
3 有料で開催する 119
4 習慣化の思い込みをなくせ 122
5 ベンチャーに向いている性格 126
6 化けるアイデアは99回、ダメ出しされる 130
7 スマートさより、泥臭さで戦う 133

第5章 「if」を常に考えて動く

1 起業に迷ったら「トリガー」で決める 140
2 ベンチャー万事、塞翁が馬 148
3 大災害の「if」にどう対策を打つか？ 153

第6章

マイルストーンを考えた資金手当の極意

1 ステージごとに何を考えておくか？ 158

2 多数の研究のタネをサブマリンで仕込め 160

3 事業計画書は「A4一枚」にまとめる 169

4 話せる・書けるビジョンを用意しておく 174

5 エンジェルという個人投資家をつかまえる 179

6 クラウドファンディングとアクセラレーター 183

7 国からの資金援助をしっかり受けよう！ 187

8 ラウンドごとの資金の目安 189

9 乗っ取られないために株は50％以上必要か？ 193

10 集めたお金は使わなければ意味がない 196

第7章

シリコンバレーで本物を知る

1 シリコンバレーとはどんなところか？ 202

2 シリコンバレーの風が変わってきた 206
3 シリコンバレーに売り込む 211
4 シリコンバレーのNGワード 214
5 自分の技術レベルを確認する 217
6 最先端の知識のありかを知る 221

第8章 フィニッシュを考えてスタートしよう

1 四つの会社のフィニッシュに学ぶ 228
2 ベンチャーには「成功」の二文字は永遠に来ない 233
3 「我」を通すことができるか？ 238
4 ベンチャーなら、横串で「知」を掘り起こそう！ 242

装丁イラスト／ⓒmustafahacalaki/Getty Images
デザイン／krran（坂川朱音・西垂水敦）
DTP／一企画
構成／畑中隆

第1章

「解」は転がってはいない、だから一緒に考える

1

道を切り拓くのは創業者の〝熱い想い〟

モノづくりベンチャーはどこに目をつけるべきか？

モノづくりベンチャーが研究や商売のタネを探すとき、「どこに目をつければうまくいきますか？」という質問をよく受ける。

考え方からいうと二つある。**一つには、いまあなたの手持ちの技術・知識（シーズ）を中心に事業を進めようとしてもうまくいかないだろう、という点。もう一つは、どんなに世界中を探してみても、ベンチャーの仕事にドンピシャの、まさに「ど真ん中」の研究をしている研究者、技術者は存在しないだろう、という点。**この二点を解決しなければいけないということだ。

もちろん、諦める必要はない。「解決策」はある。少し長くなるかもしれないが、具体的に道を切り拓いていった事例をご紹介しよう。

大学時代の友人に、世界で初めてミドリムシ[*1]（学名・ユーグレナ）の食用屋外大量培養に成功し、その後、ユーグレナ社を一部上場までもっていった、出雲充《いずもみつる》（現、ユーグレナ社長）という男がいる。この起業のきっかけとなったのは、ある日の飲み会だった。

ここに、「どこに目をつけるか？」を探すヒントがあると思う。

「助けたい」という課題から入った

まだ大学院生だった当時、僕と出雲、そして鈴木健吾（現ユーグレナ取締役研究開発担当）が飲み会に集まった。結果として後のユーグレナ社を起業するきっかけとなったわけだが、それは「こんな技術や研究をしているから、将来、これをもとにベンチャーをやろう！」といった〝シーズありき〟のものではなかった。出雲の「何とか困っている人々を助けたい」という〝熱のある課題〟が起爆剤となったのだ。

***1　ミドリムシ（ユーグレナ）**

鞭毛（べんもう）運動をするための「動物的な性質」をもちながら、葉緑体による光合成をするための「植物的な性質」をも兼ね備えた単細胞生物。

出雲は僕らに次のように言い放った。

出雲「バングラデシュに行ってきたんだけど、栄養不足で目が見えなくなっている子供がいるんですよ。僕らはコンビニで買った弁当を食べきれなくて捨てている人もいるぐらいでしょ。それなのに、なぜその栄養をバングラデシュに届けられないんだろうか。そこの研究者2人、考えてよ。どういうことですか？　なんで栄養がこんなに再分配されていないんだろう？」

多少の酔いも手伝ってか、正義感の強い出雲が激しく詰め寄ってきた。

べつにミドリムシである必要はなかった

「そこの研究者2人！」といわれても、僕は藻類《そうるい》の培養経験こそあったものの、藻類全般を扱った経験はなかった。せいぜいクラミドモナス（単細胞の鞭毛虫）という藻類の培養経験しかなく、ミドリムシについては教科書的な知識がある程度。

もう1人の鈴木健吾がミドリムシの専門家だったかというと、彼に至っては環境制御の研究者だった。制御のときにたまたま光とミドリムシ（ユーグレナ）を使っていたが、それはただの偶然で、その生態や培養の専門知識はまったく持ち合わせていなかった。

では、ユーグレナを起業した出雲自身がミドリムシの専門家だったかというと、もっと違う。彼は研究・開発にまったく関係しない門外漢だった。

出雲は別にミドリムシにこだわっていたわけではなく、藻類でも、高タンパク質の昆虫食でも、扱う材料はなんでもよかった。「人類を飢えから救えれば何でもいい」とシンプルに考えていたのだ。そもそも、ミドリムシの存在さえ知らなかった。

丸「それなら藻類がいいかもしれないよ。藻類は栄養素が詰まっているし、田舎でも育てられる。育てるにはいちばんシンプルだ」

鈴木「藻類なら、植物と動物の両方の性質をもつミドリムシというのがいるよ。いま、ミドリムシはNASAでも研究されていて、将来の宇宙食になる可能性もあるし、59種類の栄養素が含まれている」

出雲「それをやろう。明日から育てよう。大量生産しようよ」

一夜の飲み会に過ぎなかったのが、ミドリムシ愛にめざめた出雲の熱意によって、その後の一大事業に化学変化した瞬間だった。

頭でっかちで、試したことはなかった

僕ら藻類の研究者からすれば、「クロレラの培養は大量生産に向いている。スピルリナも、ドナリエラも、クロレラ同様にかんたんだ。これらには細胞壁があって成長速度が速い。けれども、ミドリムシには細胞壁がないし、成長速度も遅いので、大量生産には適さない。しかも、無菌状態（閉鎖系）では培養できても、一度何らかの菌が入ってしまうと、ミドリムシは雑菌に食われて全滅してしまう」というのが常識だった。

ところが、出雲はそんなことでは引き下がらない。

出雲「無菌状態で培養？　ダメだダメだ、そんなのでは大量培養できないでしょ。クロレラのように外で大量培養しないと。丸さんは『不可能だ』って断言するけど、これまで1回でもミドリムシの培養をやってみた経験があるの？」

う〜ん、たしかに「ミドリムシ＝無菌状態以外では培養できない」という知識をもっているだけで、一度も試してみたことはない。やる前から無理だと思い込んでいるに過ぎない。藻類の研究者を自負する僕も、痛いところを突かれた。

こうして、出雲という日本一の無鉄砲男に押し切られ、あちこちの大学、研究所に電話をかけ続けるハメに陥った。もしかすると、クロレラの工場を使えばミドリムシも同じように

つくれるかもしれないと思い、クロレラを生産している会社に電話して「工場を貸してください」と頼んでみたが、「バカモン！」と切られてしまった。

しかし、捨てる神あれば拾う神あり。運よく、沖縄県・石垣島の八重山殖産の生産工場から貸してもらえることになり、設備をつくることになった。だからミドリムシを使ったのも、石垣島で生産をはじめたのも、すべて偶然の産物に過ぎない。

結局、「ベンチャーの目のつけどころ」という意味では、持ち合わせの技術から出発するのではなく、また単なるニーズでもなく、「これを為し遂げたい」という〝熱い目的・課題〟を見つけることが先決だ。

もう一つ大事なことは、1人では何も進まなかったという事実。たまたま僕が藻類の研究者で、たまたま飲み会に居合わせた鈴木健吾が藻類を使った環境制御（培養）の専門家で、たまたま「熱」をもった出雲がそこにいた。偶然がたくさん重なり合ってユーグレナ事業をスタートすることになったのだ。

おっと、「3本の矢で解決したワケね」と安易に考えないでほしい。そんなに単純ではない。なんといっても、ミドリムシの大量培養など、世界中の誰も成功したことがない事業だったのだから。

2 課題を解決できる人を全国から探し出せ

サイエンスをコミュニケートする

僕と鈴木健吾の知識と経験、出雲の課題への情熱――これだけでは、誰が見ても力不足。ここで、その後、僕が大学院時代に起業した「リバネス」の下地ができることになる。

僕らのいちばん大事な仕事は何か。それは、

「解決できる人を探しあてること」


リバネスが現在やっている事業の柱の一つも、じつはこれだ。僕がいつも使っている言葉に「QPMIサイクル」というものがある。僕の造語だ。

個人に、クエスチョン（Q＝課題）とパッション（P＝熱）がない限り、メンバー（M）とミッション（M）が集まらない。ユーグレナに関しては、出雲という人間がとても大きな課題（Q）

QPMIサイクルのしくみ

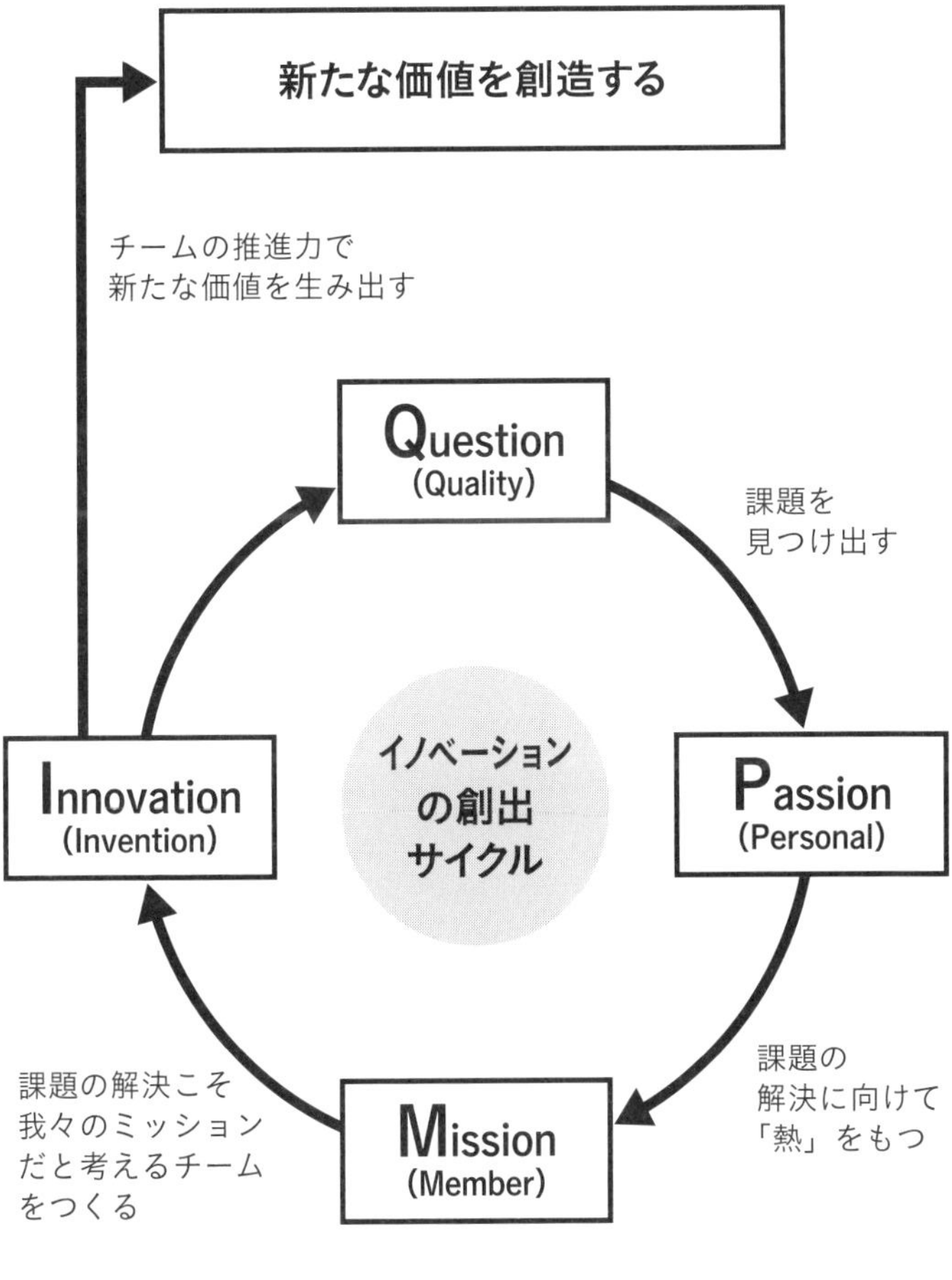

参考：『世界を変えるビジネスは、たった1人の「熱」から生まれる。』（丸幸弘 著）

と情熱（P）をもっていた。そこに僕と鈴木健吾の2人が巻き込まれてメンバー（M）になった。

丸「わかった、出雲。そこまでいうならやろう。だけどなぁ、オレと鈴木だけでは解決不可能だ」

といって僕がいろいろな先生を紹介した。

こうして藻類研究の重鎮、中野長久《よしひさ》先生（現、大阪府立大学客員教授）、大政謙次先生（東京大学名誉教授）、近藤次郎先生（東京大学名誉教授）という、3人の先生に会いに行った。そこで、「この出雲という若者がミドリムシを事業化したいと熱望しているので、ぜひお知恵を貸してください」とひたすら頭を下げて回り、結果的に全員から了解を得ることができた。

出雲は研究者ではないので、3人の重鎮には相手にされない。かたや僕は藻類を研究しており、ミドリムシの大量培養のむずかしさを承知の上で事業化の可能性を提案していたので、先生方にも意見を受け入れられた。

丸「事業化までは『とうてい無理だ』とお考えかもしれませんが、彼が世界で初めての大量生産を試したいといっているので、ぜひ先生のお力をお貸しください」

ここで、僕は出雲（事業）と先生（サイエンス）との間の「通訳の役割」を演じたわけだ。これが、リバネスのコアコンピタンスである「**サイエンス ブリッジ コミュニケーター®**」

という仕事を初めて行なった、記念すべき瞬間といえた。ただし、無償である。

なぜ重鎮の心は動いたのか

3人の先生はいずれも藻類の世界的な権威だったので、それまでにもミドリムシの培養実験を手がけた経験はあった。けれども、それらは研究室内での小さなスケールの実験であって、大量培養の経験はなかったはずだ。

数十メートルプールの規模なんて、お金もかかるし、場所探しもむずかしい。そんなとき、幸運にも無鉄砲な若者が目の前に現れて、「お金は自分たちで出します。場所も探してきました」といってきた。「クエスチョン」と「パッション」をもち、しかも「ビジョン」などの条件も整っている。無鉄砲男だけでなく、それを仲介する人間もいる。こうなると、先生方にとってもよいチャンスだ。論文にも書ける。だから、みんなワクワクした。

先生「え？　45メートルプールなの？　それはさすがに大き過ぎやしないかなぁ。でも、ちょっと待ってよ……。ある濁度《だくど》でpHがここまで下がってしまっても、うまくミドリムシが生きていければ、可能性があるね」

と目を輝かして教えてくれた。藻類を40年間も研究してきたトップ研究者だから、その指摘は的確で鋭い。僕らにとって、これほど心強い味方はいなかった。

ミドリムシを大量培養する——このプロジェクトのスタートは3人の飲み会からはじまった。出雲という男の「熱」が周りの2人に伝染し、次に日本の3人の最先端研究者の知恵を借りることができた。しかし、ここでわかったのは、

「そのベンチャーがやりたいことの〝ど真ん中〟を研究している人は、この世にはいない」

という事実だった。

当時、出雲は25歳、僕が27歳の大学院生のことだった。

3 「ど真ん中」の研究者なんて、どこにもいない！

専門家と一緒になって考える

ベンチャーをはじめると、とりわけモノづくり系ベンチャーの場合には技術的に自分たちだけでは解決できない問題が次々に出てくる。そんなとき、大学の研究室を訪ね歩いていけば、必ず「解のヒント」が転がっている。ただ、「ど真ん中！」の解は誰ももっていない。少しずつ、ズレている。

ミドリムシの研究者、中野長久先生、大政謙次先生、近藤次郎先生の場合も同じだった。この3人でさえ、ミドリムシを事業化しようとしたユーグレナ社にとって、「ど真ん中」の研究者ではなかった。そもそも、誰も大量培養の経験がない。世界中を見渡しても、おそらく1人もいなかったと思う。

先生たちは、いま自分が研究している最先端のことを僕らにそっくり教えてくれたわけではない。事業化をめざして研究していなかったのだから、当然のことだ。ここで大事なのは、

「**達成すべきテーマを専門家と一緒になって考えた**」

ということだ。ベンチャーのアプローチはそれしかないと思う。

「コミュニケーター」の必要性

ここからはベンチャーの一般論というより、僕がリバネスをやっていく上で考えた話になるけれども、一つの参考として読んでもらいたい。

僕はここで「コミュニケーター」としての自分の存在を考えた。僕が出雲に一緒について行かない限り、どんなにパッションがあるベンチャー経営者であっても、3人の先生方の知識・経験・考えをうまく引き出すことはできなかっただろう、という点だ。

実際、僕らリバネスの社員が行くと、先生自身が本当にやりたい「ど真ん中の研究」がどこにあるのかがわかった上で、その関心を少しだけズラして、ベンチャーの課題を解決する方向へもっていける。

先生たちにしてみたら「ど真ん中」の研究だけでなく、その「ちょっとした周辺分野」もおもしろい、いつか取り組んでみたいと常々感じている部分なのだ。それが僕らには皮膚感覚でわかる。

この項の冒頭で、「大学の研究室を訪ね歩いて行けば、必ず『解のヒント』が転がっている」といったけれども、正確には少し違う。

――大学の先生・研究者には、「一緒に考える力がある」

ということだ。大学の先生には知識と知恵があるが、大学の知財は使いにくい。だから、ベンチャーは知財ではなく、教授・研究者たちの「考える力」を借りることを考えるべきだ。

その点を勘違いしてはいけない。

ベンチャー側には解決したい課題があり、熱がある。しかし、世界中を探してみても、それをど真ん中で研究している研究者、ベンチャーに都合のよい研究者は存在しない。いないけれども、その課題を解決するためのヒントをくれる、あるいは一緒になって考えてくれる力、それが日本の大学研究者には確実にある。

その力をどう引き出し、どうベンチャーにつなぎ、それを町工場も含めてビジネスにまでもっていくか――それは単なる「製造業」ではなく、僕らがめざす「**知識製造業**」（ナレッジ・マニファクチャリング）という考え方だ。

モノづくりベンチャーは本来、自らのオンリーワン技術をもっているはずだ。そうであっても、外部の大学の先生、研究者（ときには大企業の眠れる知財も含め）の力を借りることは必要だし、そのほうが事業も加速する。

そのとき、第三者として間に立って〝技術翻訳〟のできるコミュニケーターを探して味方にしておくことが、あなたの事業展開には有利だと思う。もちろん、それが必ずしもリバネスである必要はない。身近にそのような人がいないか、探しておくことを薦める。

4 起業をめざすのか、創業をめざすのか？

「起業」にはすでにビジネスモデルがある

「起業」と「創業」の違いについては、最初に区別しておく必要がある。あなたのベンチャーは起業をめざすのか、それとも創業をめざすのか。

サラリーマンが会社を辞めてラーメン屋さんを開くという場合は「起業」だ。一方の「創業」というのは「新たな業を創る」ことで、その重みは全然違う。

もし、あなたのめざす最終ゴールが、すでに存在しているビジネスモデルであり、**将来そのビジネスを売り払ってお金にしてもいいと考えているなら、僕は断然「起業」を薦める。**

具体的には、アパレル系の会社を起こす、飲食店の経営をする、いまであればＩＴ系ベンチャーを旗揚げすることも含めて、既存パターンの「起業」だ。

起業は、資金的にもベンチャー・キャピタルがつきやすいので有利だ。なぜなら、既存マーケットのサイズや特徴がわかっていて、そのマーケットには成功するためのビジネスモデルがすでにあり、それに対して有効なチーム構成で挑むことができれば、銀行やキャピタルにとっては成功・失敗の判断がつきやすい。資金手当がつけば、成功する確率も高くなる。

ウーバーは創業、グラブタクシーは起業

たとえば、米国のウーバー（Uber）に対するグラブタクシー（GrabTaxi）の事例を考えてみよう。ウーバーがアメリカで自動車の配車ビジネスをはじめると、シンガポールではすぐに同じビジネスモデルのグラブタクシーが生まれ、資金も大量に集まった。なぜ、無名のグラブタクシーにお金が集まったのか。

それは、グラブタクシーが着手した事業が既存ビジネスだったからだ。これは「起業」にあたる。グラブタクシーがキャピタルに事業内容を説明するには、先を走るウーバー（こちらは創業）のビジネスモデルをそのままいえばいい。

現在のウーバーの売上高、時価総額、ウーバーがまだアジア進出をしていないことを伝え、「いまグラブタクシーに資金手当てをしてもらえれば、5年後の売上はここまで伸ばせるの

は確実だろう。よって、あなたたちへの利益還元も確実だ」と。

こうして投資家はグラブタクシーに資金提供をした。いま東南アジアでは、ウーバーよりもグラブタクシーのほうが圧倒的に優勢だ。グラブタクシーがそのまま勝てば、いずれはIPO（新規上場）で起業家は儲かる。もし、負けそうになっても、ウーバーと交渉して買収（バイアウト）してもらえば、その企業は消えても起業家は儲かる。どちらでもいい。

あなたが将来、そのビジネスを売って清算してもいいという考えなら、僕は絶対に起業を薦める。また、「じつは、本当にやりたい事業が別にある。そのための資金を最初に確保しておきたい」という場合にも、起業が向いている。

モノづくり系は「創業」タイプが多くなる

起業に対して、「創業」はたいへんだ。僕は創業のほうが好きだが、生半可なことでは薦めない。

ユーグレナの出雲社長は起業家ではなく、創業家にあたる。それまでにない、「新たな業」をこの世の中に創ったからだ。おそらく、彼はそれで世界を変えるまでユーグレナを放棄せず、続けていくと思う。

でも、そのビジネスモデルを参考にして、あとから同じような会社をつくった人たちがいれば、それは「起業」にあたる。どちらがいいか悪いかではなく、自分がどちらをめざしているのかを知っておけば、その後も適切な判断ができる。

そして、**モノづくり系ベンチャーの場合、その多くが「創業」にあたる**と考えておいたほうがいい。ＩＴ系の分野では、ソフトバンクや楽天ができた頃は「創業」といえたけれど、いまやビジネスモデルができあがって「起業」に変わった。成功したければ楽天のマネをすればいい。

誰もやったことのないのが創業

僕は、起業家の集いにはほとんど行かない。「いくら儲かった」といった金儲けの話が多く、しかも古くて同じビジネスモデルばかりなので、こちらとしては学びもない。

逆に、創業家の集まりに行くと、困ることも多いけれど、おもしろくて刺激的だ。困るというのは、それぞれが手がけていることが全然違うので会話が互いに噛み合わない面があるからだ。それでも、お互いに尊敬し合っていることを感じられて楽しい。

たとえば、オリィ研究所（東京都三鷹市）のロボット（分身ロボット）については、次のよ

起業と創業の違い

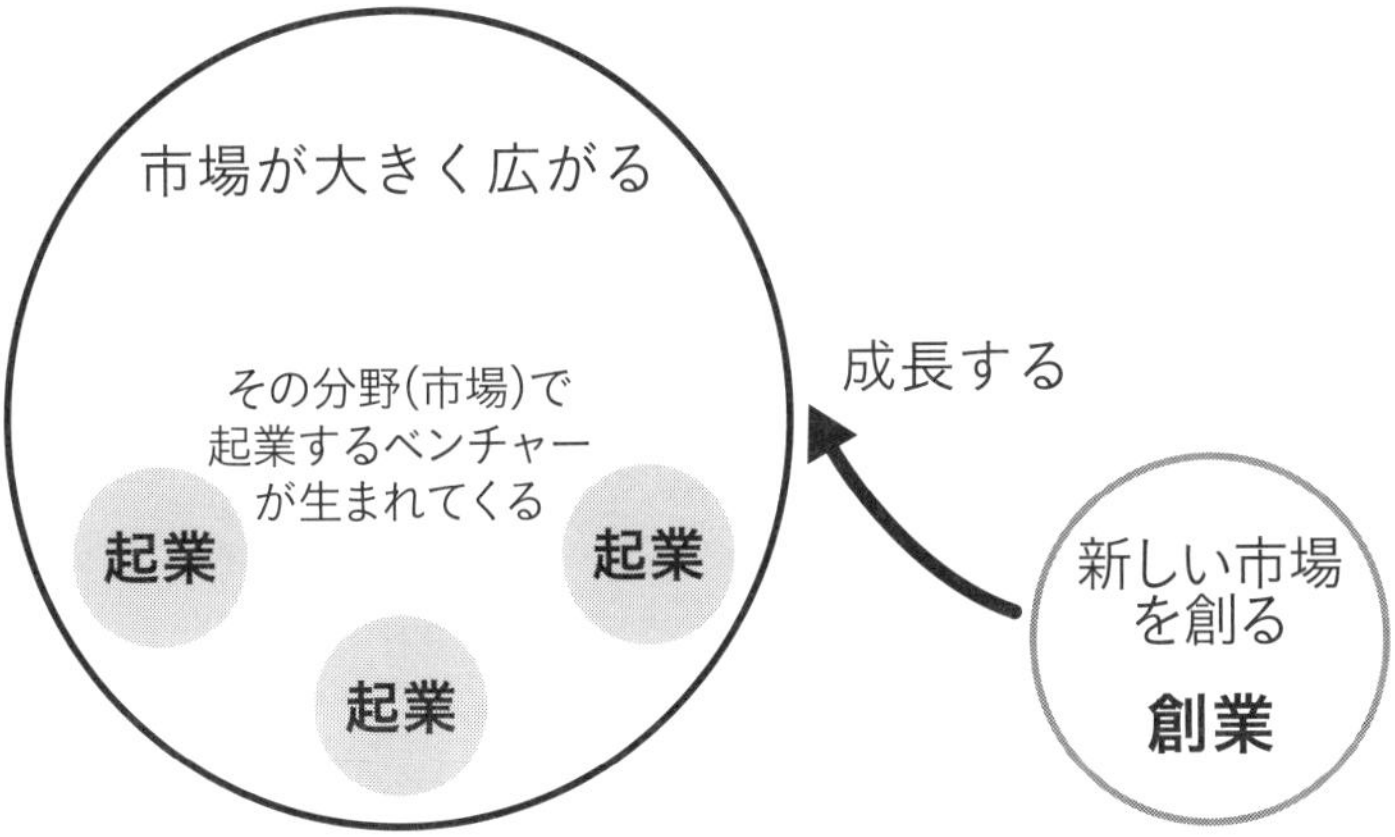

うな会話がよく行なわれる。

「オリィ研究所って、すげぇ〜なぁ。お前（吉藤健太朗所長に）、どうやって稼いでいるの？『孤独の解消ロボット』とかワケのわからないことをいってるけど、それって何？　あんな能面みたいなヌボ〜っとした顔のロボット、オレには意味ねぇと思うけどな」

とホンネが遠慮なく出てくる。互いにやっていることの真意がわからないからだ。

オリィ研究所が開発しているのは「OriHime《オリヒメ》」という名前の分身ロボットだ。ただし、ロボットといっても、手をパタパタと動かすだけで二足歩行もできない。最初は軽快にダンスも踊れていたのに、どんどん機能を削っていったために足もない。

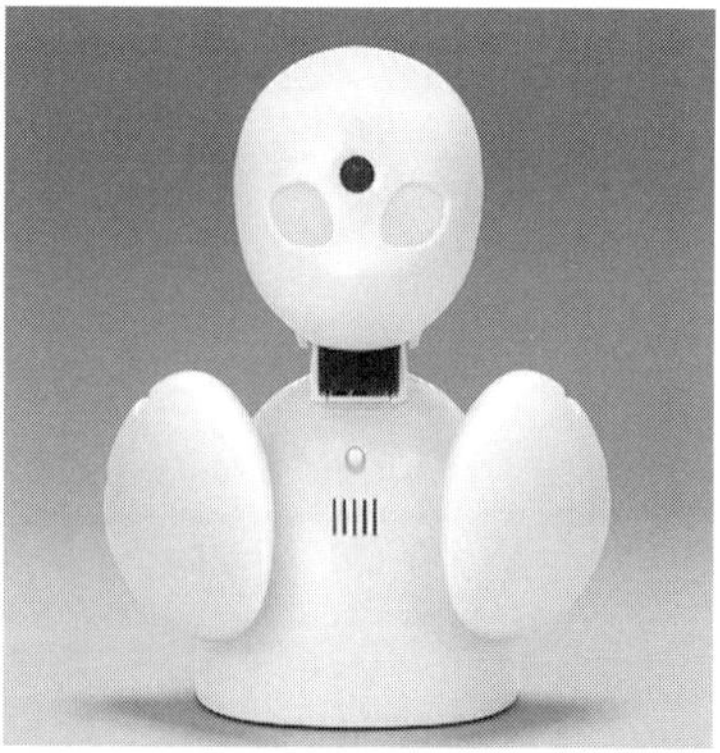

孤独解消ロボットのOriHime

自立歩行どころか、人間に運んでもらわないと移動さえできない。物ももてない、顔も能面のようでペッパー君のような愛嬌もない、放射能の中で写真を撮って帰って来れるような実用的機能もない……。いったい何なんだ、このロボットは？

ところが、テレビでも引っ張りだこだし、使った人は涙を流してくれる。レンタル料が月に2、3万円もするのに、個人レベルで「ほしい」という人からの電話がひっきりなしにかかってきて、売上も急上昇。これをどう考えるか。

僕はこれこそ、誰もやったことのない新たなロボット事業の「創業」だと思う。オリィ研究所の吉藤健太朗という男は、これまで誰のマネもしてこなかったし、誰も彼のマネをできそうにない。

エンジェルとして、どこを見て投資してきたか

このロボットの後ろには、ネットワークでつながった生身の人間がいる。だから、「正確にはロボットというよりも、ただのコントローラーじゃん」といって僕らは笑うこともある。実際、オリィ研究所が正式に事業計画書をつくってもっていくと、MBAを出た人間も含め、全員が同じことをいうだろう。

では、なぜ僕はオリィ研究所に投資をしたのか。僕は「ロボット」に投資をしたのではない。吉藤所長に単刀直入に尋ねたことがある。

丸「吉藤、お前は何がしたいの？　ロボットでなくてもいいのか？　孤独が解消されさえすれば、なんでもいいのか？」

吉藤「ロボットでなくても、孤独さえ解消できればそれでいい」

僕はこの答えを聞いて、よし、投資をしよう、協力しようと彼に張ってみた。

同じ質問は、じつは前出のユーグレナの出雲社長にもしたことがある。

丸「出雲、お前が本当にやりたいのは何なんだ？」

出雲「人類の食料と燃料の問題を解決したい」

丸「じゃあ、ミドリムシでなくてもいい、ということだな？」

出雲「いまはミドリムシこそ最高の答えだと思っているけれど、ミドリムシを超える生きものが見つかれば、オレはその〝超ミドリムシ〟をやる」

僕の質問に対し、出雲はこう返してきた。

結局、僕はいつも〝そこ〟に賭け続けている。その人間の信念がどちらにあるのか。もし、オリィ研究所の吉藤所長が「オリィはロボットに賭ける！」と答えていたら、僕は面倒を見ていなかった。けれども彼は「それが人工知能（ＡＩ）になろうがなるまいが、孤独が解消できるなら、それを研究していきたい」といった。到達するための手段や方法にこだわらず、「人々の孤独を解消する」という目的にのみ、こだわっていた。

僕はベンチャーの創業者でありながら、投資家としてもエンジェル、アクセラレーター、ベンチャー・キャピタルの顔をもつが、エンジェル（個人的な信頼関係で担保なし）としての僕の投資判断は常にそこにある。

眠りを選べる時代が来る？

ニューロスペース（東京都千代田区）という、眠りを研究しているベンチャーがある。この小林孝徳社長は「丸さん、そのうちに『眠りを選べる』時代が来るんですよ。いま、レストランに行けば何を食べるか、メニューの中から食事を選べるじゃないですか。それなのに、なぜ眠りだけは、『今夜はこの眠りがいい』と選べないのでしょうか」と僕に突っかかってくる。

　正直なところ、僕には彼が何をいっているのか、さっぱりわからない。もちろん、疲労やストレスを回復できる眠りは、人間の三大欲求の一つだし、現代人にとって必要なものだから需要があることは認める。また、サイエンスとしても、眠っている間に脳脊髄液が働き、脳の老廃物を取っていること、それがアルツハイマー病の予防につながることも僕にはわかっていた。

　ただ、眠りだけは自分でコントロールできないものだと誰もが思っているのに、彼は「それは違う！」というアンチテーゼを唱えていた。僕は「眠りを選べる時代が来る」という彼の言語表現にも驚いた。すごくよい表現だと思ったのだ。

　結局、僕の投資判断の基準は常にそこだ。一見、科学技術を見て投資判断をしているように見えて、じつはその人たちの「考え方」に投資をしている。その意味では、たとえ技術重視のモノづくり系ベンチャーを相手にしながらも、僕のベースには「技術」をあまり重視していないホンネが隠されている。なぜなのか？

人は技術にお金を払わない、敬意を払わない

いまの時代、何らかの先進的な技術を使っているのは当然のことだ。それよりも理想や明快なビジョンがなければ、どんな高度な技術を使っても、何の意味もないのではないか。

「つくりたい世界観」が相手に伝わったものだけが世の中を動かしている。ディズニーも、アップルも、映画制作やコンピュータに使われている技術は素晴らしいけれども、それ以上に重要なのは**「ビジョンをもってつくっている」**という点だ。だからこそ、人々はそこに惹かれ、その商品をもちたい、そこへ行きたいと思う。

先進国では安くて良いものを買いたい時代から「ビジョンのあるものをもっていたい」という欲求に移ってきている。だからテクノロジーは最先端である必要があるのかというと、NOだ。たとえモノづくり系ベンチャーであっても、その視点はもっていないといけない。

なお、「起業」と「創業」に対する僕自身の考え、思いについては明確に述べてきたが、「ベンチャーを起こす、はじめる」という場合には一般に「起業」という言葉を使うことが多いため、よほどこだわりのある箇所を除いては、これ以降、本書では「起業」という言葉を使っていくことにする。

第2章

「最強軍団」を集める!

1 「軍師」につながる道を確保する

あなたが理系・修士以上の場合

モノづくり系のベンチャーをやりたいというときには、ミドリムシの3人の先生たちのように、**あなたがいつでも相談できる「軍師」が必要だ。それをどう探すか。**

もちろん、僕やリバネスを尋ねてきてもらえれば、いくらでもアドバイスできる。しかし、読者の多くは、「丸幸弘？　知らねぇなぁ。コイツ、ホントに信用できるのか？」とか、「アドバイスと称して儲けよう、という魂胆じゃないか？」と怪しむ人もいるに違いない。あるいは、北海道に住んでいて、東京まで会いに来るのはたいへんだ、という人もいるはずだ。

そこで、あなた自身が軍師を見つける方法を二つのケースに分けてお伝えしておこう。なぜ二つに分けるのか、それはあなたが研究室を経験したことがあるかどうか（理系修士以上か、文系か）で、かなり違ってくるためだ。ただ、基本は同じで「**信頼のおける人づてでキーパーソンを探し出す**」ということだ。

まずは、あなた自身が理系の修士（マスター）、または博士（ドクター）を修了している場合からいこう。これはかんたんで、研究室の経験者なので、その研究室の教授に直接会って、「いま、ベンチャーをつくってこんなテーマで事業化したいと考えているのですが、それを研究している先生をどなたかご存じないでしょうか？」と紹介を頼み込む。事業化に関係する研究者を探しているので、必ずしも出身の研究室の先生である必要はない。だから先生も対応しやすいだろう。

もし、あなたが研究室の教授と仲が悪いとか、相談をしにくい何らかの事情があれば、話のしやすい他の教授を訪ねればよい。聞く中身は先ほどと同じだ。

大学の知恵を使うときには、大学の先生にアプローチをかける。これがいちばんスマートなアプローチ法だ。恩師に顧問になってもらうわけではなく（もちろん、テーマが合えば恩師でもいい）、あくまでも紹介してもらうだけなので、自分の事業と恩師のテーマが違っていても大丈夫だ。

「なるほどね、それなら○○大学のA教授がいいかな。そのままズバリではないけれど、近いことをやっているし、きっと力になってくれると思うよ。人間的にはちょっと変わっているけれど、いい人だよ。僕からA教授に連絡をしておこうか?」といってくれるはず。これがファーストステップだ。

あなたが文系卒の場合

2番目のケース。あなた自身が理系の学部卒、あるいは文系学部出身の場合。これもかんたんで、同じ大学の友人、あるいは会社に勤めている同僚で、理系の大学院を出た人間をじっくりと思い浮かべてみる。修士でかまわない。ただ、理系の学部卒では困る。なぜなら、本格的に研究室に入った経験がないと、そのネットワークを使いにくいからだ。

だから、あなたが文系の学部卒、あるいは理系の学部卒で、たとえば「ウィルス系で起業したい。これは絶対に課題があるし、人類としても解決したいテーマだ」などと思った場合には、「おまえ、たしか修士だったよね?」と理系(大学院卒)の友達を飲み会に誘う。

ここで大事なことはいきなり「将来の仲間」として誘うのではなく、その友人がどのような修士生活、研究生活を送っていたか、それを最初に確認することだ。

たまに大失敗するのが、修士といいつつも研究室に顔をほとんど出したことがないタイプだ。モラトリアム修士と呼ばれて、「オレ、研究室は苦手だわ」というのは論外。そんな相手を仲間に引き入れてはいけない。

ターゲットにする相手は「いまも、研究室の先生と長く付き合っているよ」というマジメな人間を探し出すこと。チャラチャラしたタイプよりも、地味で人と話をすると緊張するぐらいのタイプがいい。

文系の人がモノづくり系ベンチャーで起業しようという場合には、まず仲間を選ぶ段階が最重要だ。ここで組む相手を間違えてはいけない。理系（大学院）の人を仲間に引き込む際、その人の専門分野はとりあえず何でもいい。心底、あなたの考え方、ビジョンに対し、「それっておもしろいね、一緒にやろう。どうすればいい？」と目を輝かしてくれる理系の人であれば、あとは信頼の置ける先生のところまでたどりつける。そこであなたも一緒に行って、チームビルディングをする。

人選段階での妥協は絶対に禁物。まず、軍師につながる道を確保する。ここがスタートポイントだ。

2 バックに多分野の専門家をつけろ！

動き回る中でビジネスモデルは生まれてくる

ベンチャーで事業をはじめようという場合、人に対しても、事業に関しても、いまはなんでもネットで検索し、着手しようとする人が多い。けれども、事業化する上ではネットは役に立たない。僕はいつも、「身近な人とコンタクトを取れ」「知っている人間と一緒に動け、話をして聞き出せ」といっている。

リバネスが手がけている「テックプランター[*2]（TECH PLANTER）」には、毎年、多数のベンチャーから応募があるが、何度も落とし続けていると、「どうすれば通るのでしょうか？」と聞いてくるベンチャーもいる。

そんなときには、「まず、おまえの話をおもしろい、といってくれる先生を1人でもいいからつかまえろ。そうしたら、次のステップに進めることができる」と答えることにしている。おもしろいテーマを見つけても、肝心のテクノロジーを自前でもっていない場合は、すでに述べたように、まず「軍師」、そして仲間を集めることだ。

「初めにビジネスモデルありき」ではなく、「情熱と課題ありき（QPMIサイクル）」で仲間をつくっていく。その中でビジネスモデルも生まれてくる。それが創業だ。

リバネスも毎年毎年、新入社員を迎え入れているからこそ、僕らも気づかなかった新しいアイデアが生まれ、新しいビジネスモデルが生まれてくる。人を採用しない会社に発展はない。「知識を仕込んでパイプ役を演じる」のがリバネスの仕事だから、小さな会社ではあっても、毎年、新しい人を採用し続けている。

その採用も、現有の社員とはまったく違う分野、考え方の異なる持ち主を採用するようにしている。だから、リバネスには「あらゆる分野の研究者」がいる。農学、生命科学、流体工学、電気電子工学、薬学、化学、生物学、さらに最近では経営学、心理学など、人材採用

*2　**テックプランター**
リバネスが主催している科学技術を社会実装する場のこと。社会に役立つ「タネ」を発掘し、ビジネスにまで芽吹かせる「プランターとしての役割」を意図してはじめた事業。まだ無名だった日本のベンチャーWHILL（次世代車椅子の開発）も、テックプランターを通じてリバネスが町工場を紹介し、狙い通りの試作機を開発できたことで、米国500Startupsなどから大きな資金調達に成功した。日本だけでなく、シンガポール、台湾、マレーシア、シリコンバレーでもテックプランターの大会を開催。

については「異分野を集める」ことに徹底的にこだわっている。専門分野が違うと、妙な競争心も起こらない。知らないことは聞きやすいし、答えられないと恥ずかしいので勉強する。価値観も違っているので小さくてもおもしろい会社をつくることができる。

多数の異なる専門領域の研究者とつながる

モノづくり系ベンチャーは特定分野の研究に特化し、その分野には絶対の自信をもっている。しかし、その研究を推し進める上で不可欠な周辺知識などは持ち合わせておらず、対応できないことが多い。オールマイティではないから、当然だ。

それに対し、僕らリバネスのやり方は違う。顧客からのどんな要請、どんな仕事も請け負えるだけの自信がある。なぜか？　それは〝僕らの力〟がすごいからではなく、**人のネットワークを通じて何でも知り得る立場にある**からだ。

たとえば、ある日、流体工学系の仕事が舞い込んだとする。僕は開口いちばん、「ええ、できますよ」と答える。

そのあとは流体工学系の担当者を呼んで、依頼内容を説明する。担当者は「わかりました。○○先生、××先生、△△先生のところへ、とりあえず行って話を聞いてきま～す」と出掛けて行く。このやり方はリバネスの発足当時からやっている方法で、全然変わっていない。僕らスタッフのバックには、多数の学会がついているし、研究室の専門家が多数控えている。電話1本でいろいろと答えてくれる。これが強い。

ベンチャー、とりわけ所帯の小さなモノづくり系ベンチャーの場合、たとえば5人のスタッフがいたら、それぞれ5人ずつの異なる専門領域をもつ研究者と密につながっていれば、25の専門分野をカバーできることになる。これほど効率的で、強力な布陣はないだろう。

自己の力に自信をもつのはいいが、しょせんは他の分野ではシロウトに過ぎない。できるだけ多くの専門家とつながっておくことが、「小さくても強く、機動的に動ける組織」をつくることになるのだ。

3 どんな人材を探し出すか？

ベンチャーでほしいのは遊び感覚で働ける人材

ベンチャーをはじめたあと、永続的に発展していくには採用活動が必要になってくる。シリコンバレーなら優秀な人材ほどベンチャーをめざしてくるけれど、日本では一般に「優秀」とされる人材をベンチャーが確保するのはむずかしい。

ただ、大企業に行きたい人には行ってもらえばいい。突き放しているわけではなく、ベンチャーの場合、自ら動ける人のほうが必要だからだ。

僕のアタマは24時間働いている。もちろん、それは経営者だからという面もあるけれど、リバネスをはじめ、どこのベンチャーでも「働かされている」という意識はほとんどないと思う。僕らはディズニーランドへ行くような感覚で、研究室に行って話をするのが楽しいし、異なる会社の間に入って「コミュニケーター」として介在する仕事も楽しい。労働というよりも半分、遊び感覚で働いている。

リバネスでは、「どんなに忙しくても、土曜日・祝日だけは出社するな！　仕事を休め！」と厳命している。しかし、「先生の予定が土曜日しか空いていないので、ちょっと顔を出してきます」と連絡を入れてくるスタッフもいる。もちろん、僕だってそんな仕事ぶりは薦めないけれど、ベンチャーをやっていく以上、このように「自主的に動く人間」を集めないとうまくいかない。

自主的に動くといえば、リバネスは小さい会社だから、創業当初から人事部、広報部などは置いていない。60名を超えた現在でも存在しない。人事がなくて、どうやって毎年、人を採用するのかと思うだろうが、かんたんだ。自分の仕事を回すために自分で面接し、自らの裁量で人を採用すればいいだけなのだ。部署ごと採用というよりも、「担当者ごと採用」だから、リバネスでは2週間に1回ぐらいのペースで採用面接を社内の誰かがしている。人事だけを扱う部署も、広報専門の部署もない。リバネスには「本業担当」しかいない。

だから**「本業」の仕事が大好きで、それを「遊び」と思える人間を集める**。1軒1軒、研究室や町工場を歩いて回ることを面倒と思わず、話を聞くことを楽しめる人。そんな人を年収の多さではなく、CEO・メンバーの熱で集める。

孤軍奮闘では成功しない

いくら仕事が好きで、ディズニーランドに行くような気分で楽しんでいるとはいっても、体を壊すようでは仕事自体がパンクする。大企業と違って、ベンチャーの場合は代替する人がいない。

僕が知っている「休まない人間」というと、清水敦史という男がいる。彼は「台風の巨大なエネルギーを発電に活かす」という、プロペラ（羽根）のない風力発電機を開発した。

東京大学の修士を修了後、収入の安定した大手電機メーカーに入社したものの、東日本大震災とその後の原発事故を見て「私たちの世代が再生可能エネルギーへのエネルギーシフトを実現しなければならない」と考え、チャレナジー（東京都墨田区）をはじめた。こうして、この世で誰も成功したことのない[*3]台風発電に、文字通りたった1人で孤軍奮闘していた。社名通り、チャレンジングな戦いに挑んでいるのだ。

そんな清水CEOを見ていて、たまらず僕は彼にいった。

丸　「清水さぁ、休まずに働いているけど、失敗したらどうするんだ？」

清水「いや〜、きっと成功すると思うんですよね」

丸　「正直にいっていいか？　このままやっていたら絶対に失敗するよ。なぜ失敗するか教えてやろうか。働き過ぎて、お前が死んでしまうからさ」

僕は清水が1人でやっているのがいけないと感じていた。そこで、一緒に死んでやれる仲間がいたほうがいいと思って、まず僕自身が彼の仲間として顧問になった。台風発電の犠牲者第1号だ。

CEOの「熱」が人を動かす

最初の頃、チャレナジーの発電機は全然回らなかった。しかし、清水の熱に浮かされて、1人、また1人と仲間が加わってきた。その熱に機械も浮かされたのか、発電機もとうとう、回ってしまった(回った理由はもちろん別)。

風力発電は音がうるさい、羽根が強風で折れるなど、自然エネルギー発電の中では厄介者扱いされていたけれど、離島などインフラを敷きにくいところほど役立つ技術だ。そこで僕

*3 台風発電
ベンチャー企業のチャレナジーが開発している次世代風力発電のこと。一般的なプロペラ式の風力発電は、強風で暴走しないように一定の風速で停止する仕様になっている。チャレナジーが開発する「垂直軸型マグナス風力発電機」は、プロペラを使用せずマグナス式を採用して強風に対応し、また垂直軸型にして風向の変化に対応することで、台風のような強風・乱流でも安定して発電することをめざしている。

チャレナジーのマグナス発電機のプロトタイプ

は日本だけでなく、フィリピン政府に対しても、清水にプレゼンテーションをさせた。チャレナジーからすれば、僕が経営顧問とはいっても、勝手に海外の政府機関にまで働きかけ、プレゼン日時まで決めてくるのは驚きだったかもしれない。

でも、彼らが成功するには、フィリピン政府に掛け合ったほうが早いと思った。僕も清水の台風発電の夢と熱に動かされた1人だったということだ。

ベンチャーの中には、優秀なスタッフを金で買い漁ろうとするところもあるけれど、長続きしない。金の縁でつながっていると、金をもらえなくなったら、そんなベンチャーには魅力がなくなるからだ。

ベンチャーでやる気のあるメンバーを集め

るには、金ではなく、CEOの「熱」が最後は決め手になる。CEOは周りに集まったメンバーに、自分自身のビジョンを、そして熱を伝えていく。ベンチャーの成功の90%はそこに掛かっている。

生涯、社長を引退できないという誤解

スタートアップ時はともかく、創業から5年もすれば、トップの陣容は変わっていてもかまわない。創業者が会長、あるいはCEOという肩書に変わってもいいし、社長が内部昇格してもいいし、MBA[*4]ホルダーが新しく入って経営をしてもいい。自分よりも経営センスのある人がいれば、積極的に社長に抜擢すればいい。リバネスの場合も同様で、現在の僕はCEOで、社長は髙橋修一郎という男がやっている。彼のほうが経営能力があるからだ。

ベンチャーをはじめた人が陥る勘違いの一つに、「自分は研究をやりたいけれど、今後もずっ

***4　MBAホルダー**
よく、コンサルティング系やベンチャー・キャピタルの人が、創業したてのベンチャーに対して、「あなたのベンチャーには、MBAホルダーは何人いますか」と尋ねる場面を見かける。僕からすれば、創業時にMBAホルダーなど不要だし、入社してくるわけがないと思っている。それよりも、学生でもいいから、その課題とミッションに対して、狂ったほどの情熱をもっている人を3人揃えること。そのほうが、創業時のメンバーとしてはよほど頼りになる。

と不得手な社長業から逃れられない」と悩んでいることだ。これは間違っている。創業者が経営者であり続ける必要など何もない。

創業者のミッションは、「どれだけ大きなビジョンを描けるか」にかかっている。**創業者の大きなビジョンに賛同してくれる人であれば（これが最低条件）、途中で経営者を変えてもかまわない。**

そもそも創業時は経営センスに優れた人など、給料が高過ぎて雇うことができないはずだ。だから創業者自身が社長業を務めるしかないだろう。それに、もしMBA出身者が身近にいれば、リバネスやユーグレナのケースのように、「市場がないから潰れますよ」とマーケットを計算され「ムリ」の烙印を押されてしまう。

僕らは「いまは市場がないけれども、それを開拓するんだ」という市場開拓の精神でいるので、スタートアップ時には彼らとは話が噛み合わない。でも、5年もして会社が一定レベルの成長軌道に乗ってくれれば、三顧の礼をもって迎えても十分に間に合う。そして、自分は研究や技術に没頭すればいい。

大事なことは、自分の不得手なことまで、生涯、背負い続けないといけない、という不要な考えは捨てることだ。

4 モノづくりベンチャーの取締役に必要なもの

会社は1人では大きくなれない

バイオインフォマティクス[*5]の分野にアメリエフ（東京都千代田区）という、2009年に起業したベンチャーがある。このアメリエフの山口昌雄社長は1人で起業した。他にはアルバイトが2人くらいだけで、売上も3000万円～4000万円を行き来していたから、食べていくのがやっと。明確なビジョンもなく、受託業務をこなしているだけの会社だった。

40歳になった彼にも生活がある。もし、この受託業務がなくなれば会社は潰れて食っていけなくなるのは明らかだ。バイオインフォマティクス市場は伸びる分野として期待されていたが、1人では限界がある。ちょうど僕がファンド（リアルテックファンド・代表は永田暁彦）をつくる頃、リバネス執行役員の坂本真一郎を通じて山口社長を紹介してもらった。

同じ舟に乗る覚悟の人材がいるかどうか

僕はさっそく、次の二つを山口社長に問いただした。

丸「なぜ取締役が1人しかいないのですか？　本気でやる気がないのなら、僕は相談を受けたくもありません。一つ目。現在の社内メンバーの中で取締役になりたいと自ら手をあげる人がいなかったら、いまの会社をすぐにたたんでください。そのときはイチからやり直しましょう。二つ目。経営が見える人材を外部から入れたいと思っているけれど、その心構えはありますか？」

1人だけでスタートする会社はいっぱいある。大企業に在籍後、1人で独立するパターンだ。フリーランスで生きていくならわかるが、ベンチャーとして出発した以上、1人では絶対に会社は大きくならない。取締役には「同じ舟に乗る覚悟」が必要だが、山口社長と責任を共有してくれる人材がアメリエフにいるかどうか、それを見たかったのだ。それで山口社長の器も測ることができる。

そして、社内からは金景順さんという女性が名乗りを上げた。僕も直接、金さんに面接をして、「潰れそうなベンチャーの取締役になることの覚悟」を聞いたが、決意は冷静・明瞭だった。そこで、約束通り僕の友人の須田仁之さんにアメリエフに入ってもらった。須田さんは多くのＩＴベンチャーを上場させてきた経験をもつ有名人だ。こうして異質なチームでアメリエフは再スタートすることになった。山口社長も、「２０１５年は第二の創業だった」と語っている。

「不動の経営陣」が強いベンチャーを創る

こうしてアメリエフでは３人の取締役が揃ったが、「僕らが会社を運営するんだ」という覚悟で同じ舟に乗せることがいちばん重要なファクターだ。よくある勘違いは、創業者以外の取締役は社長の補佐だと考え、過去にＣＦＯの経験をもつ人を取締役に据えるケースだ。

じつは、**取締役というのは能力が問題なのではない。ＣＦＯの経験も一切不要。必要なのは、社長と気が合うかどうか、一緒に荒海に小舟をこいでいきたいと思うかどうか。この取締役の連中と10年、20年一緒にいて気持ちいいなと思うかどうか。**これが取締役になってもらう基準だ。

***5　バイオインフォマティクス**
遺伝子やタンパク質の構造など、生命情報をＤＮＡレベルで分析することによって生命を調べていく分野。成長分野として期待されている。

ＩＴ系ベンチャーは、取締役の顔ぶれがどんどん入れ替わる。ところが、**モノづくり系ベンチャーでは正解が出るまでに時間がかかるから、10年、20年と一緒にやっていけるメンバーでないと、うまくいかない**。

僕の場合も、リバネス、ユーグレナの創業以来、メンバーは変わらない。リバネスの井上浄、池上昌弘、高橋修一郎、現ユーグレナの出雲充、鈴木健吾、永田暁彦、そして丸幸弘……、もう10年も同じ顔ぶれでやっている。互いに腐れ縁だ。

「この技術で天下を取るぞ」と死ぬ気で働く連中とは、長い付き合いになる。それがモノづくりの長い歴史をつくっている。だから、「ベンチャー」という言葉で同一視されることがあるけれど、ＩＴ系とモノづくり系とは、まったく違う素地がそこにはあるのだ。

5 ベンチャー版「3本の矢」

能力は外注で、ビジョンは取締役で補填せよ

会社のビジョンと課題を解決したいというパッションを受けもつのは役員の仕事だ。

スタートアップ時のベンチャーはとにかく資金が足りないので、弁護士や会計士など、その道のプロをフルタイムで雇うことはできない。アドバイザーとして週に1回くらい困ったことだけを相談させてもらい、会社が軌道に乗りはじめたら、週2回、3回と増やしていけばいい。最初は時間借りをするのがいちばんリーズナブルで、そのうちにフルでお願いしたくなった段階で来てもらう。そうすると、それまでにお互いの気質もわかって、信頼関係もできてくるのでスムーズに行く。

アメリエフは取締役が3人誕生して、再スタートを切ることができた。「なぜ3人なのか?」と聞かれることが多いが、理由はシンプルだ。1人では会社が大きくなれないし、2人では議論がケンカに発展したときに仲裁役がいるからだ。「まぁまぁ、2人とも」と止めてくれる人が必要なのだ。

「3人の取締役」というと、「能力」に応じて仕事を分担するという意味にも受け取れる。しかし能力ではなく、ビジョンなのだ。毛利元就の「3本の矢の教え(三矢之戒)」の話を、僕は「3人の取締役」に置き換えて説明をしている。1人だけだと「もうこのビジョンはダメかな」と思う。2人でもやはり仲違いもあって志が折れてしまいやすい。けれども、3本の矢になってくると、

「え?　おまえたち、最初の志はウソだったのか?」

といさめてくれる人がいる。それが取締役が3人必要だという意味で、ベンチャー版「3本の矢」といえる。だから、**最初の取締役の3人は「能力、スキル、分担」で選んではいけないのだ。**

6 ビジョンを語り、泥臭い一歩を踏み出せるか

超地味な穴掘り作業が「楽しいか、苦痛か」

ベンチャーの下準備の一つに、中核となる3人の創業者を集めることが必要だ、と述べた。これがベンチャーをはじめるときの最初のミッションだ。**創業メンバーが最低でも3人以上集まらなかった場合は、まだ起業してはいけない。**

3人以上集めたら、次はそのベンチャーでやっていく課題（クエスチョン）、熱（パッション）をチームで明確にし、ミッションをかかげる。どういうことをやっていきたいのか。それが長期的に考えられれば考えられるほど、そのベンチャーは苦難に強くなる。

最初の段階では、「明確なゴール」を描けるかどうかが重要になってくる。

たとえば、「過疎になった地元を温泉街にして再興したい。人に来てもらって地元の人に

喜んでもらたい」という夢があり、それをベンチャーで実現したいとする。温泉を掘り当て、源泉が湯の滝に豪快に落ち、滝壺から下流の池まですべて温泉。どの温泉宿も他にない露天風呂を味わえる、そこへお客さんがやってきて町おこしができるという夢……。

そこで、具体的に何からはじめればよいか？

「井戸を掘って温泉を掘り当てるところからはじめる」が答えだ。温泉滝、湯の川などの夢の前に、温泉を掘らないといけない。

やるべきことは「超」がつくほど地味だけれど、ゴールの夢が明確に描けていれば描けているほど、穴掘り作業も苦ではなくなるのだから不思議だ。残念ながら、ここがぼやけていると、掘りはじめたらすぐに「オレたち、何のために土なんか掘っているんだっけ？　こんなことのためにベンチャーをはじめたのかよ？」と挫折してしまう。

夢を語れ、一歩踏み出せ

僕らがベンチャーを見ていて重視しているのは、次の二点だ。

①どれだけスケールのでっかい夢を明確に語れるか

②その「夢」に対してどれだけ、泥臭い第一歩を踏み出せるか

この二つしか見ていない。だからもし、あなたがいまはサラリーマンで、将来、ベンチャーをやりたいと思っているなら、とにかくどでかい夢を語れる仲間を3人以上集めてきて、その課題（クエスチョン）を解決するためのテクノロジーをもった大学の先生を巻き込む。そこまで、あらゆるつながりを伝っていくことだ。

サラリーマンなら慌てず、腰を落ち着けて

ＩＴ系ベンチャーの場合は、とりあえず「はじめてから考える」方式でもいい。けれども、モノづくり系ベンチャーの場合、成果が出るまでに時間がかかるので、多少の資金を用意できてもすぐに立ちゆかなくなる。会社の体制（3人、軍師）をつくるにも時間がかかる。利益をあげるなんて、ずっと先のことだ。

だから、サラリーマンでベンチャーをはじめようとする人は、すぐに会社を辞める必要などない。週末に同じ志をもつ仲間と語らい合いながら、じっくりと事業計画を練ったり、大学時代の恩師に会いに行って専門家を紹介してもらったりすることで、コミュニケーションを図っておくのがいちばん良い方法だ。

早くから恩師に相談し、その後、「おかげでベンチャーをはじめることができました！」

といわれたほうが、先生だって気持ちがいい。

だから、先生を仲間にするには、ベンチャーをはじめる前から付き合っておく必要があるし、はじめたときには「技術顧問」の肩書きを渡せるようにしておく。できれば、多分野にわたって多数の技術顧問をつくっておく。技術顧問をつかんでおかないと、モノづくり系ベンチャーは生き残れない。

7 ベンチャーの採用は「信用」を買え

求人内容に関係なく、優秀なら採用する

3人の取締役を決めたら、その次に、どんな人を採用していくのか。もし、あなたの会社でいま必要なスキルが経理だとして、20代が希望であれば「20代の経理経験者、募集」とすればよいだろう。そこに、なぜか経理経験のない40代のエンジニアが応募してきたらどうだろうか。ただし、とても優秀な人材だとする。あなたなら採用するだろうか。

リバネスでは、そのときの募集要項に合わなくても、「気が合って、理念に共感する人、パッションがある人」と見れば、即採用する。なぜか。いまの時代、会計や経理という「能力を求める仕事」はすべて外注できるようになっているからだ。法務でさえも、外注できる。だからこそ、「能力がほしければ、すべて外注せよ」と述べているのだ。将来、実務的な能力

は順次、外注どころか、人工知能に置き換えられる可能性すらある。だから、ベンチャーにとっては「情熱」、あるいは「考える力」以外で人を採用する理由はなくなるだろう。

ベンチャーが絶対採用してはいけない人

人を面接で見抜くのはむずかしい。そこで、僕は次のような面で相手を見るようにしている。最も気にしているのは、その人の考え方として、自分自身の成長のためなのか、お金なのか、あるいは世の中の発展や人類の進化に興味があるのか、そのあたりをいつも見ている。

実は次項（第2章8参照）で述べるつもりだが、日本人とシンガポール人は「自分の成長」をアピールすることが多い。「御社は自分が成長できる環境だと思う」といった具合だ。けれども、マレーシア人は「国のために貢献したい」という人が多い。

僕はどちらかというと、「国のために、人類のために」と答えられる人のほうが好きだ。人類のために何かをやりたいとなると、そのためには結果として自分自身の能力も必要だ。だから自分を鍛えたい、成長させたい、そういう場に置きたい、という言い方ができるかどうか。

成長というのは、結果論に過ぎない。「成長」という文字は、「長く成る」と書く。長く成功体験を刻んでいった結果を成長というのに、成長すること自体を目的にする人など必要ない。

やりたいことは決まっているけれども、自分の限界、能力不足をわかっていて、チームを組んで、どうすれば自分の能力をその段階まで引き上げられるか、最初にやりたいことを達成できそうか、と考えている人であれば合格だ。

僕も会社をつくるときに、解決したい課題があった。けれども、1人では解決できないと悟った。それでも、どうしても解決したいから、いろいろな人に聞きまくった。一途に、どうしてもやりたいと思っていたから。

大企業ならともかく、**ベンチャーは「オレが成長したい」という人を採用してはいけない。**

「信用のある人の信用」を買う

では、具体的にどのようにして人を採用するか。

これは「人づて」戦略しかない。前にも触れた、「文系出身者だけれど、テクノロジー系のベンチャーを創業したい」ときの事例と同じ手法を用いる。つまり、理系の知り合いをたどるとか、その先生を経由して自分に必要な先生を紹介してもらうという方法だ。「信用のある人の信用を買う（信じる）」しかない。

ベンチャー企業というのは、小さくて、いつ潰れるかわからない。優秀な学生からすれば危なっかしくて近寄れないから、寄らば大樹の陰と考えるのもわかる。だから、ベンチャー企業がウェブサイトで募集をかけても、なかなか求める人材は雇えない。それよりも、信用のできる人を頼ることだ。

東大発ベンチャーとして遺伝子解析サービスを展開するジーンクエスト（東京都品川区）の高橋祥子さんは僕のところに相談にやって来た。

高橋「丸さん、学生ベンチャーをつくろうと思うんだけれど、一緒に仲間になってくれない？」

丸「いいよ。顧問としてオレの名前を入れておいていいよ。人はオレが探してあげるよ」

なぜ、僕がジーンクエストに協力したかというと、高橋社長にはビジョンがあったからだ。だからこそ、僕もジーンクエストと同じ舟に乗って（経営アドバイザーとして）、人材を紹介してきた。

ベンチャーが人探しをするときには、必要なテクノロジー（専門の先生）を探すときも、取締役やスタッフなどを探すときも、知り合いのネットワークに頼るしか方法はない。**人づてに「あのベンチャーはいまは無名だけれど、絶対に伸びる」といった情報を伝えていく以外に信用してもらう方法などない。**だからこそ、あなたにとって信用のできる人を探すことだ。

逆にいえば、あなたに信用がなければ信用のある友達はできない。恩師も協力してくれない。あなたが大企業にいた経験があっても、周りに嫌われていたのであれば、そのベンチャーが成功することはない。

だから、会社をつくる前に自分自身が「個人として」どれだけ世の中で信用されているか、それを確認する作業を先にしておく必要があるだろう。

8 海外ではどんな人材を採用するか?

マレーシアではマレー系しか採用しない

ベンチャーをはじめる以上、国内だけでなく初めから海外市場にも目を向けておくべきだろう。その際、市場だけでなく、人材も日本人に限る必要はない。そこで、海外支店（法人）での人材選びについても考えておきたい。海外でどういう人物を選ぶかはCEOであるあなたの腕の見せどころだ。

日本やシンガポールに多いのは、次のような人たちだ。

「大企業よりベンチャーのほうが自分をより速く成長させられると思って応募しました」という自分優先タイプ。より図々しい人になると、「ワンステップ目としてリバネスは最適だと思うから、3年ほど雇ってほしい」とまでいってくる。

一方で、マレーシアではまったく違う。「自分をよくしたい」ではなく、「国をよくする仕事に就きたい」といってくる人が多い。ビジョンが違う。志が違う。

リバネスの海外子会社の一つ、リバネス・マレーシアは「マレーシアをよくするための仕事をしている」というお墨付きをもらって登録されている政府認定企業だ。マレーシア政府からの補助を受けて大学に通ったマレーシア人は、通常、卒業後3年間は政府が決めた就職先でしか働けないが、そのような政府認定企業は政府が決めた就職先と同等の企業とみなされる。だから、リバネス・マレーシアはその有力な就職候補となる。本当は日本企業なのに、マレーシア人から見れば、純マレーシア企業のように映っているのだ。

マレーシアには長い歴史的背景から、マレーシア系マレーシア人を優遇する「ブミプトラ政策」[*6]というのがあって、インド系、中国系は採用せずに、純国産(マレーシア系)に特化しようというプロジェクトがあるのだ。そこで、リバネス・マレーシアでもマレーシア系を積極採用している。

*6　**ブミプトラ政策**
1971年から実施しているマレーシアの経済政策。ブミプトラとはサンスクリット語で「地元民」のこと。昔からマレーシアには中国、インドからの移民が多く、経済的に豊かな中国人と現地のマレーシア人との対立が激しかった。シンガポールがマレーシアから独立(中国系による独立)したことなどもあり、マレーシアでは国立大学への入学、企業や公務員の就職もマレーシア人が優遇されている。

マレーシアをイスラム市場のハブに

シンガポールとマレーシアの首都クアラルンプールとは、飛行機で50~60分の距離だ。羽田・大阪間より近い。そこで、次のような質問をよくぶつけられる。

「丸さん、なんでそんな近くに、二つも海外子会社をつくったの?」

「かんたんだ。シンガポールのほうは『東京・シンガポールの2極体制』(第5章3参照)のために必要なんだ」

「マレーシアのほうは?」

「マレーシアはブミプトラ政策でマレーシア系マレーシア人を優遇しているから、マレーシア系を優先して採用できる。つまり、イスラム世界と接触できるんだ」

僕は、イスラム対応の会社を一つ、つくっておきたいと考えていた。マレーシアに進出すれば、必然的にマレーシア人を雇うことになる。それは敬虔なイスラム教徒を雇うことにつながる。イスラム教徒だけの海外子会社をつくることで、地球の四分の一の地域を占めるイスラム教とコンタクトが取れるので、イスラム市場にハブを築けるのだ。

だから、リバネス・マレーシアでは、イスラム教徒か、もしくは日本人しか雇わない。日本人はイスラム教徒からすごく愛されているので、雇っても問題はない。彼らはキリスト教の多い韓国人や、争いが絶えない中国人は敬遠しがちだ。その点、日本人は無宗教だから、ノープロブレムで一緒にやっていけるのだ。

国によって、いろいろな歴史・背景がある。ベンチャーが海外に進出する場合も、その影響は避けられない。人を海外で採用したり、他国の企業と交渉する以上、その歴史を教科書ではなく、現場感覚で知っておかないといけない。

第3章

視点を変えると、ベンチャーは動き出す

1 「町工場＋ベンチャー」でつくる日本型エコシステム

「町工場＋ベンチャー」の協業がシリコンバレーをうならせる

2章ではリバネスが多数の研究者のバックアップ体制をもっているという話をしたが、いまは研究者だけでなく、多数の町工場もリバネスの味方についてくれている。これは墨田区からの依頼もあって、僕らリバネスの社員だけで3500社を1軒1軒尋ね回って調査し、さまざまな話を聴取してきたことが契機となった。

僕らは大学やベンチャーがほしい試作品、実験器具などの需要を町工場に伝えることができたし、町工場のオヤジさんからはそれぞれの得意分野、ノウハウなどを聞いて回ることができた。この調査中、20台の自転車代の請求書が僕に回ってきたときには驚いたが、1軒1軒の町工場に話を聞き、研究者側の要望を伝えた経験は大きい。

いまでは、町工場とベンチャー・大学研究者・大企業とのセッティングが実を結びつつある。たとえば、シリコンバレーで一躍名を馳せた、次世代型電動車椅子を開発するＷＨＩＬＬ（横浜市鶴見区）なども、この町工場の力によって試作品を開発し、大きな成果につながった経緯がある。

僕がＷＨＩＬＬの内藤淳平ＣＤＯと出会った頃、彼らはアメリカでの資金調達のため、ユーザーテストに向けた試作機を開発中で、優秀な町工場を探しているところだった。

そこでリバネス執行役員の長谷川和宏がすぐに浜野製作所と墨田加工を紹介。浜野製作所は金属部分を、墨田加工は設計・加工方法・材料選びに至るまで、ＷＨＩＬＬ側の要望を聞き取りながら一緒につくりあげていった。その結果、２０１４年には500 Startupsなどから１１００万ドルを調達することにつながったのだ。

ベンチャーは先端技術とアイデアに優れているが、実際の製品にまで仕上げるノウハウがない。町工場にはその不足部分を補完する製造ノウハウがある。この二つをつなげば、世界に例のない「日本型[*7]エコシステム」ができるのではないか、と考えた。いま、それらのセッティングが大きく進みはじめ、日本だけでなく、あとで述べるようにフィリピンなどのベンチャーを呼び寄せたり、シリコンバレーからも新しいエコシステムとして注目を集めたりしている。

最強の町工場ガレージスミダ

3Dプリンターは町工場の最強ツール

3Dプリンターはモノづくり系ベンチャーでも使いはじめている。ただ、これはモックアップ（外観デザインの検討段階での模型）で自分のアイデアを示すのにはいいけれど、肝心の量産ができない。その差に悩んでいる国の一つがフィリピンで、ここにビジネス商機が生まれている。

リバネスでは、2017年からフィリピンでもテックプランターをはじめたので、僕もフィリピンのベンチャーと大学の技術を見て回った。

フィリピンのモノづくり系ベンチャーで感じたのは、3Dプリンターで彼らのアイデアを「形」にして見せることはできても、その先が全然進まないことだ。3Dプリンターの段階でストップしてしまう。フィリピンには彼らのアイデアを製品化するメーカーがほとんど存在しないからだ。そこで考えた。フィリピンにモノをちゃんとつくれるメーカーがないなら、日本の墨田区や板橋区、大田区の町工場を紹介すれば、彼らのアイデアは生きるし、日本の町工場も儲かるじゃないか。まさに一石二鳥だ。

3Dプリンターは1個の生産は得意だけれども、10万個の量産はできない。その意味では、この機械はベンチャーよりも、製造ノウハウ自体をもっている町工場が使いこなすことで最強ツールになると思っている。ガレージスミダ[*8]（東京都墨田区）のような施設には3Dプリンターだけでなく、レーザーカッターも入っているので、受注も急増している。

***7　エコシステム**

本来は「食物連鎖などの生態系」を指す言葉だが、ITなどの分野では経済的な依存関係、新たな成長分野での産業構造を指す。シリコンバレーでは、大企業からベンチャーまで多数の企業が参加し、エコシステム間で自由な取引が行なわれている。自然界の弱肉強食に近い概念で、調整役は存在しない。混同されがちなものに「コミュニティ」という概念がある。これはある企業の「囲い込み」に近く、主催企業から仕事が発注される関係。1業種1社などの管理がされ、主催企業が傾くとコミュニティ全体が崩壊する。

***8　ガレージスミダ（GarageSumida）**

東京・墨田区で板金・プレスを中心とした金属加工業を営む浜野製作所が運営する、モノづくりの総合支援施設。3Dプリンターやレーザーカッター、CNC加工機などの最新デジタル工作機器を備え、設計や製造に携わる町工場の熟練職人が個人から企業に至るまでの製品開発・加工を支援。墨田区を中心とした町工場のバス見学ツアーも実施し、さまざまな業種の町工場とベンチャーとをつなぐ活動もしている。

2 「塩ランプ＋IoT」を日本とフィリピンで分業

塩ランプの工場をフィリピンにつくる

フィリピンに「SALt（サルト）」という塩ランプ（塩電池）の会社がある。この塩ランプは、円筒形の容器に水と塩を入れて混ぜるだけで光るというもので、シンプルな「塩発電」の発想だ。どこにでもある塩スプーン2杯分で、1日8時間使える。電気が通っていないフィリピンの離島でも、塩ランプさえあれば夜でも勉強できるようになる。

塩ランプのアイデアで安価な製品（1000円程度）をつくり、離島などのフィリピンの無電化地帯を解消したい、それがサルト社[*9]をつくったミヘーノ姉弟のビジョンだった。

僕はミヘーノ姉弟と連絡を取り、事業を進めてきた。彼らは3000万円あれば5万台の塩ランプを量産できる状態だった。工場を建てても、わずか3000万円だが、フィリピンでは誰も投資してくれない。

なぜなら日本円で3000万円は、フィリピンでは3億円以上の価値があるので、なかなか投資が決まらない。そこで僕らはサルトジャパンを設立し、塩ランプの機能にもう一つ、IoTの独自技術を追加しようと考えている。ここに「フィリピン＋日本」の分業モデルがある。

塩ランプをIoT商品につくり変える

彼らのアイデアと情熱は認めるけれども、アマゾンや楽天市場を見ると、塩と水で発電するLEDランタンという災害時や停電時に使う非常灯が売られている。いざというときに電気が来ない苦い経験は、東北や熊本など大震災のあった地域だけでなく、東京近辺の人も「計画停電」という名前で痛感しているはずだ。その後、自宅に電池式のランプ、または手回し式の懐中電灯などを用意した家庭も多いと思うけれども、塩ランプが1台あれば自宅の塩で緊急用に使えるし、緊急電源としてスマートフォンへの充電もできる。だから、日本ではす

*9 サルト社
「持続可能な代替照明（Sustainable Alternative Lighting）」の意味。もちろん「塩」の意味も込めている。

でに競合商品があるといえる。

しかし、僕らのビジョンは、今ある日本の商品ともミヘーノ姉弟とも違う。フィリピンでは塩ランプ機能だけで売れても、日本では〝光る〟というだけではニーズがない。そもそも無電化地域がない。エコフレンドリーという面でいえば、太陽電池を屋根に取り付ける方法もある。風力発電なら、僕らが支援している「台風発電」というおもしろい発電方法もある。だから、塩ランプそのままでは、日本では出番がない。

けれども、一つの視点として、塩ランプを「睡眠を心地よくするIoT製品」に変えることができれば、日本でも需要がある。夜、暗くなってくると、塩と水をランプに入れる。すると、塩ランプは心地よく光る。夜になったらだんだんとランプの灯も消えていき、自然に眠りに入る。さらに睡眠センサーと組み合わせることで個人の睡眠を最適化することができる。塩ランプは癒やし系ともいえるのだ。

さらに、外部からの電力は不要だ。毎日8時間使っても、半年したら金属棒を取り替えるだけ。バッテリーも使っていない。

エコフレンドリーで、しかもIoTな製品だから先進国でも売れる。僕はその事業計画書をミヘーノ姉弟に示し、塩ランプのIoT化を提案した。ところが、彼らにはIoTの意味がまるで理解できない。

そこで、僕らは次のように進めていくことを考えた。自分の生態情報から睡眠状態を判別するセンサーと塩発電をローミングさせるシステムもあるので、それを案として国の予算をもらう。量産はフィリピンで担当してもらい、開発は日本のほうで受けもつ。そんなIoTモデルをつくっているところだ。

睡眠は現在の日本人にとっていちばんの課題だと思う。そんな中、夜、少しずつ塩ランプの灯が消えていくのはエコフレンドリーだし、「オレの部屋、塩と水だけのランプ生活実験中」みたいなサバイバル感も味わえる。日本では都会的なセンスで洗練された商品に仕立ててあげられる。

リバネスの場合、フィリピンとはミヘーノ姉弟以外にも多数のネットワークで結ばれている。それはあとで紹介していくことにしたいが、フィリピンやマレーシアでは日本以上に起業が進んでいる。それら東南アジアのベンチャーの発想力と、日本のベンチャーの技術力とを組み合わせることで、新しい製品を開発していこうという視点も、日本のベンチャーには必要になってくると思う。

3 経験がビジョンを生み出す

実際に行ってみる、感じてみる

ビジョンを描くとなると、日本人はとたんに弱くなる。技術はあっても、ビジョンをもつのが不得手な人は、どうすればビジョンを得られるのか。これは一朝一夕にできるものではないけれど、一つだけ身につけるための方法がある。

それは**自分で「経験」を積み重ねてみることだ。人からの伝聞ではなく、自分で経験することで、自分自身の考えが生まれてくる。**

たとえば、現場に足を運んで、人から直接、話を聞いてみる。飢えや食糧不足の実態を知りたいなら、ネットで写真を見るのではなく、バングラデシュやアフリカに出掛けてみる。幕末の戊辰戦争に関心があるなら、本を読むだけでなく、戦端を切った京都の鳥羽・伏見を自分で歩いてみる。そうすると地形を感じることもできる。
実際にその場に出掛け、見てみる、空気を感じてみる。これを僕は「経験」と呼んでいる。

体験は一時的だが、経験は「考える力」を生む

体験と経験はまったく違うものだ。たとえば博士課程まで進んだ人と、学部生で終えた人との違いもそこにあると考えている。学部生の場合は研究プロセスをちょっと〝体験〟させてもらった、雰囲気を味わっただけに過ぎないけれども、修士・博士課程まで行くと毎日、実験漬けになる。体験は教わっただけだが、経験は自分で「次に生きる力、考える力」を備えたといえる。

だからユーグレナの出雲社長は学生時代にバングラデシュに渡り、ムハマド・ユヌス[*10]のところでいろいろなことを実地で経験として学んできた。自分の目で見て、自分で子供たちに

***10　ムハマド・ユヌス**
バングラデシュの経済学者、実業家。2006年にノーベル平和賞を受賞。1976年から貧困救済プロジェクトを行ない、自らが保証人となって銀行から融資を引き出そうとしたが、融資を受けられなかった。そこで1983年には無担保で少額の資金を貸し出すマイクロ・クレジットを実施し、500万人以上の貧困女性を対象に貸し出しに成功した。

触れてきた。その経験から、途方もないビジョンを生み出したのだ。

日本人は、体験だけで終わっていることが多い。ここが問題だと思う。たとえば、企業のインターンシップ研修も、わずか1週間程度の〝体験〟学習に過ぎない。「やってみました。私はその企業に入りたい意志があります」という確認を互いにしているだけで、それ以上の意味はない。

けれども、リバネスのインターンシップ研修は、ガチンコ勝負。毎週日曜日、小中高に出前実験授業に行って経験をしてもらっている。学生にとっては生半可な〝体験〟ではなく、〝経験〟を積んでもらっている。

そして、この**「現場での経験」から独自のビジョンが生まれてくる**と考えている。決して、日本人にはビジョンがない、というわけではないのだ。

アフリカでの超音波診断装置の販売から見えること

実際に現地に行ってみると、思わぬことがわかってくる。

レキオ・パワー・テクノロジー（沖縄県那覇市）という、医療器具を開発・販売しているベンチャーがある。腹部を超音波で見るエコー（超音波診断装置）をアフリカにもっていったところ、よく売れたという。日本では安価なタイプでも200万円はするのに、どうやってそんな高いものが売れたのか。

同社の河村哲社長は「ジェネリック医療機器をアフリカに売りたい」という夢をもっていた。最先端のエコーではなく、特許も切れているエコー製品なら、日本の町工場で10万円ぐらいでつくれるものがある。それをアフリカで売り、クラウドにつなぎ、日本の病院で診てもらう。すでにアフリカの8か国を周り、現在6か国で販売を開始している。

モノづくり系ベンチャーの多くは、技術のほうにばかり目が行って、解決すべき課題のほうを見ていないことが多い。ハイレベルな技術さえあれば売れると信じ込んでいる。

けれどもこの超音波診断装置の事例でもわかるように、それぞれの地域に行ってみて、現地の課題をつかんでいる人のほうが、たとえ技術レベルで劣っていたとしても、何を提供すればよいかをよく知っている。提供するものがわかれば、200万円の新型より、10万円の旧型でクラウドにつなげられるほうが役立つのだ。

「フィリピンの離島では何が必要か?」と考える

技術というのは、人々のどんな課題を解決するのか、それによって提供すべき技術レベルも変わってくる。常に最先端を用意しようとすると、いたずらに高機能・高価になるだけで使ってもらえない。

フィリピンでも、いまのアフリカの事例と同様、遠隔医療には非常に関心をもっている。というのも、フィリピンは全部で7109の島があり、世界で2番目に多い。離島が非常に多いので、そこに住む人々は大きな病院になかなか行けないからだ。

彼らは、その解決策として遠隔医療でつなげないだろうかとリバネスに相談してきた。レキオ・パワー・テクノロジーが経験したアフリカの例と同じ悩みだ。

しかし、病院がないだけならまだしも、離島には電力エネルギーもない。だから、インターネットにつなぐための塩電池（第3章2参照）、さらに医療機器を動かすだけの風力発電機（台風発電）があれば電力が賄える。あとはインターネットにつなげば遠隔医療ができる。

もう一つ、現地で大事なのは学校だ。遠隔医療病院で働く人たちを現地で教育し、育てることができれば、島で雇用も生まれる。

オープン・イノベーションを進めたい

このように考えると、やはり日本のベンチャー、大手企業に共通して不足しているのは「課題から考える」という発想の貧困さで、それは〝経験〟から課題を考えるトレーニングが足りないからだと思う。

「最先端の技術を提供すればよい」という従来の発想では、一部の先進国市場と限られたビジネスにしか通用せず、その市場はいずれ縮小していくのは目に見えている。

こうした状況で、僕は日本の大企業にお願いしたいことがある。それは、日本の大企業の中に眠っている昔の知財（使っていない知財）、これがほしい。ぜひ、日本企業にはオープン・イノベーション[*11]をしてほしい。もう使っていない技術、使うことのない技術を日本では売らず、アフリカ、フィリピンのような国だけで売るので譲ってほしい、とあちこちでお願いしているのだ。

最近、大企業のほうからも「丸さんの考え、おもしろいね。発展途上国に小さな会社をつくって、その国の人たち自身にやってもらいましょうか。ライセンスだけして」といってくれるようになってきた。進展をすごく楽しみにしている。

*11　**オープン・イノベーション**
本来の意味は「自社が使っていない技術を放出し、他社と組むことで社会的なイノベーションを起こす」といった意味。わかりやすくいうと、大企業がもっているだけで使っていない死蔵技術をベンチャーに放出し、ベンチャーの新製品開発などに協力して進める、という主旨。ただ、「ベンチャーを取り込む」といった意味にも使われがちなのは要注意。

4 ロードマップに沿って技術を見せる

コア技術だけでは商品にならない

ベンチャー、とりわけモノづくり系ベンチャーをはじめる場合、コア技術、オリジナリティには何らかの特化したものをもっているはずだろう。ただ、コア技術だけ誇れるものをつくっても、それだけではうまくいかない。そのことに、多くのベンチャーはアタマが回っていない。

たとえば、台風発電のチャレナジーのケースでも、発電効率さえとびきり良ければそれで電力システムとして使えるかといえば、そうではない。発電機は優れたものを開発することは可能だろうが、系統連携の技術も準備しておかないと、電力会社に売電することができず、世の中に商品として出せない。宝の持ち腐れだ。

これはビジネスの基本中のキホンだが、ベンチャーの多くはコア技術しか知らず、その周辺技術や関係する法制度などに無頓着で、注意を払わなかったりする。じつは、販売網をもっている大企業は、それを親切に教えてくれる存在だと僕は思っている。**モノづくり系ベンチャーだからといって「つくる」だけではダメで、搬送する方法や売る方法など、要するに、これがないと商品として使えないという部分にも目を配っておく必要がある。**

早めに「見せられるもの」をつくる意味

もう一つ大事なことがある。とくにチャレナジーのように、「台風発電」「マグナス発電」といった、これまで聞いたこともない製品を世に送り出そうとする場合の注意点だ。画期的製品であればあるほど、多くの人にそれがどんなものか、そのイメージが伝わらないと資金も集まってこない。いきおい、注目度も高くならない。

そこで、早めに「見せられるもの」を出していくことが重要だ。チャレナジーは最初に台風発電のモックアップをつくり、1メートル級の風洞実験機をつくった。実際に動いているモノを見ると、その迫力に驚いてお金を出してくれる人が集まってくる。その後は3メートル級のフィールドテスト機をつくって沖縄に設置し、実際に稼働しているところを見せたこ

風力発電機の四つのパターン

	水平軸型	垂直軸型
プロペラ型（羽根型）	**主流**	**モニュメントなど**
マグナス型	**実用化**	**チャレナジー1社**

とが、現在の10メートル級の量産機開発に必要な資金調達につながったという。

モノづくり系ベンチャーで失敗しがちなのは、「外部の人間には技術を見せない」と秘密主義でいくことだ。また完璧をめざし過ぎて、仕様を何度も何度も壊してしまうこと。そうなると、なかなか製品や技術の認知度も上がらず、期待して待っている人のしびれを切らしてしまう。お金も集まらなくてショートするパターンだ。

ユーグレナが起業した頃も、「ミドリムシ」といっても誰にも理解してもらえないので、工場で実際につくっているところを見てもらった（現在は非公開）。また、ミドリムシを使った商品イメージも湧きにくいので、先に商品をつくって飲んでもらった。この「チラ見せ」は、ユーグレナが成功した大きな要因だと思っている。

日本企業の場合、大量生産がパーフェクトにできるまでは商品化に踏み切らないという潔癖主義が残っている。しかし、ベンチャーはそのやり方を踏襲してはいけない。**「見せられるものを先につくる」「早く見てもらう」**という方法が効果的だ。

分身ロボットのオリィ研究所もその路線を採用した。3Dプリンターを使ってプロトタイプをつくり、「こんなロボットだ」というものを先に見せることにした。

リバネスも同じだ。「出前実験教室」というだけでは、なかなか理解してもらえない。そこで、まずはどんなものか、見てもらえる商品を先につくって新聞社などマスコミに公開した。

ロードマップに沿ってチラ見せする

チラ見せは場当たり的にやるものではなく、その後のロードマップを考えた上で進めて行くべきだ。たとえば、プロトタイプ1号機を見せるときには、すでに2号機、3号機のアイデアがないと、絶対に見せてはいけない。なぜなら、「見せた」瞬間にマネされて、ライバルから続々と同種の競合品が出てくる可能性があるからだ。

アップルなどのやり方が参考になる。第1弾を見せたときには、第2弾、第3弾、そして

チャレナジーのマグナス発電機の進化

風洞実験機

フィールドテスト機

第4弾ぐらいまでのロードマップがすでに決まっている。アイデアどころか、もう仕様が固まっていて、開発時期も決まっていたりする。業者の値踏みもして、いつ出せるかがだいたい決まっている。

台風発電のチャレナジーの場合、風洞実験機の動画を公開したときには、すでにフィールドテスト機を沖縄に設置する準備が進められていたし、沖縄にフィールドテスト機を設置したときには10メートル級の量産機開発がスタートしていた。あとの展開をすべて決めた上で「早く見せる」ことだ。

人工知能、あるいは遺伝子解析な

どのリアルテック分野は、ＩＴ系に近い意味で、他社に先行して製品化していくことによって、フィードバック情報がその企業に集まってくる。バージョン01のあとにすぐ、02、03がつくれる。人工知能やＩｏＴに関するものは、早めに製品化したほうが得といわれている。なぜなら、情報が入るだけでなく、その各段階で製品が売れ、それを回収することで、次の製品開発の資金を補填しながら進めていけるからだ。

逆に、慎重に出さないといけない分野もある。医療・食料など、人の健康や害毒に直接関係するジャンルでは、一度でも食中毒を起こせば収拾がつかない。ベンチャーなら、即倒産だ。

この分野の商品は、相当な神経の集中が必要だから、安易にプロトタイプを出してはいけない。法律も絡んでくる。医療に関する製品であっても、人間に害を与える可能性がまず低い「ヘルスケア」という形で健康器具をつくるケースであれば、早めに出していけばいい。

規制分野は成功確率が低い

解決したい課題を考えて起業するとしても、ベンチャーとしては成功しにくい分野、あるいは思わぬハードルは事前に考慮しておいたほうがいい。

それは、**「規制が強い分野」は成功確率が下がる**ということだ。具体的には、医療機器分野、あるいは製薬分野は国の制度に左右されることが大きく、その分、ベンチャーへの投資もつきにくい。これらの分野は日本の課題と世界の課題とがズレることもあり、日本市場だけでやっていけるかどうかも考慮しないといけない。

5

〝他力技術〟だって使いよう

不足技術を他社から吸い寄せる

技術や製品をチラ見せする手法は、資金集めに有効なだけでなく、仲間づくり、さらには不足技術を他社から補填するときにも役立つ。チラ見せすることで、それまで取引のなかったメーカーから、「その部品は、どこの製品を使っているの？　アメリカの○○社？　ウチでもそういう技術を開発しているけれど、今度、一緒にやらないか？」という誘いを受けることもある。

少しずつ製品をチラ見せしていきながら開発するという方法を取らないと、お金だけでなく、必要な技術が集まらない。

では、どのタイミングで、どういう見せ方をすると効果的なのか。研究者、学究肌の人は、プロモーションの苦手な人が多いけれど、ベンチャーではその腕前も問われる。たとえば、腸内フローラ系ベンチャーでトップを突っ走るメタジェン（山形県鶴岡市）も、少しずつチラ見せしながら進めている。しかし、彼らは生粋の技術者で、プロモーションのプロではない。では、なぜうまくプロモーションできたのか。

演出はモチ屋に任せる

どのタイミングで、どういう演出をし、地元の新聞社などをいつ呼べば、効果的に「見せる」ことにつながるのか。じつは、メタジェンの段取りは、リバネスの執行役員・松原尚子が取り仕切り、ユーグレナは永田暁彦財務・経営戦略担当が取り仕切った。

たとえば、メーカーがラボ（研究所）をつくったという事実は、技術的な意味は何もないけれども、ベンチャーからすれば、「オレらだって、ラボがあるぜ」と発信したくなる情報ではある。そこで、テープカットを演出する、記者会見を開く。これらのお披露目も、立派な「見せながらの開発」になる。

というのは、技術者からすれば意味はないけれど、ニュースになるからだ。日本経済新聞の一面になったり、地方版に掲示される。そうすると、関係者の目に止まるし、連絡も来る。

メタジェンの研究所開所式の様子

その中には、ベンチャー自身が補完したかった技術支援も入っている。露出することで向こうから手をさしのべてくれるのだから助かる。

何でもすべて自社でまかなおうすることとは非効率的だ。足りない技術は他社からもらい、不得手な演出はアドバイザーなどに相談しよう。そうすれば、ベンチャーは自身の貴重な資源をコア技術に集中できるのだ。

6 キャッチコピーで引き寄せる

エレベーターピッチ、できますか？

どこに視点を置いて開発するのか――という点では、「見せながら開発する」の他に、もう一つ大事なことがある。それは**「一言でいえる特徴」をもつこと**だ。その効果は意外なほど大きい。

チャレナジーであれば、「羽根のない風力発電」が一言でいえる特徴にあたる。要はキャッチコピーだ。「羽根のない風力発電って何だ？」とみんなが思い、引き寄せられる。ユーグレナであれば、「59種類の栄養素」が該当する。健康に気をつけている人ほど、59種類の栄養素と聞くと、そのすごさに心がわしづかみにされる。オリィ研究所であれば、「孤独の解消」、リバネスであれば、「最先端科学の出前実験教室」などがあたる。

これは販売に役立つキーワードというよりも、つくる側にとって「それが広がったときの世界をイメージする」ことに役立つ。わかりやすいキャッチコピーがパッとつけられるような製品を開発すること、それが重要になってくる。

「エレベーターピッチ[*12]」という言葉をご存じだろうか。自社の製品の良さを短い時間でさっといえないようでは誰からも相手にされない。「え～っと、まずはこれがこの製品の特徴の一つで、あ、こんなこともできます。それと……」といっているようでは、成功はおぼつかない。

ふだんから自社の製品や技術、サービスのポイントを「一言」でいえるように訓練しておくこと、逆にいうと一言でいえないような製品開発をしていないかのチェックも大事だ。プレゼンテーションを見ていると、ときどき1ページの紙面に小さな文字でぎっしりと詰め込んで説明が書いてあることがある。そんな説明など、誰も見向きもしない。短い言葉で突き

*12 **エレベーターピッチ**
エレベーター内でのわずかな時間に、要点を説明すること。シリコンバレーで生まれた言葉で、ベンチャーの起業家が忙しい投資家にエレベーター内で出くわしたときでも、その短い時間内に自社の製品や技術、サービスの優位性をシンプル、かつわかりやすく説明する技術を指す。現在はプレゼン用語化している。

太陽電池パネルのお掃除ロボット

刺さる――そんなトレーニングを日頃からやっておくことだ。

技術がつくる世界をイメージする

キャッチコピーは、その技術が世の中に広がったとき、どんな世界ができるかを容易に想像できる言葉でなければいけない。

未来機械（香川県高松市）という、太陽電池パネルのお掃除ロボットをつくっている香川大学発のベンチャーがある。中東の砂漠地帯には太陽電池パネルが無数に並んでいるけれど、パネルの上が砂だらけになって発電効率が1か月間で15％ほど落ちるという（2週間で40％落ちた例もある）。これまでは人力でパネル表面のほこりを取り払っていたが、その苦労を未来機械の掃除ロボットが解消した。じつは、同社の三宅徹社長とは学生時代のBLS[*13]からの付き合いだ。

このお掃除ロボットで特筆すべきことは、あえて完全自動化にしていないところだ。パネルとパネルの隙間は2センチなので自動的に乗り越えられるが、パネルのブロックとブロックの間は2メートルほど離れて設置されているので乗り越えられない。これも自動化させることは不可能ではないけれど、そうなると自動歩行機能も必要となるので、価格が数千万円になってしまう。お掃除ロボットに数千万円はむずかしい。そこでロボットのブロック間移動やバッテリー交換はあえて人力にすることで、コストダウンを図った。

その意味ではローテクであり、半自動マシンだ。おそらく完全自動化ロボットに仕上げたほうが、技術者としても会社としても評判になっただろう。けれども、三宅社長の考えは違った。

*13 BLS
2002年頃、シリコンバレーのスタンフォード大学では、学生発の技術系ベンチャーの設立がブームになっていた。当時、僕も三宅さんも学生だったが、理系の学生でも起業する以上はコア技術だけでなく、経営、会計、法律などの勉強も必要だ。ただ、そうした場は大学には用意されていなかった。そこで自分たちでつくった「ビジネスを学ぶ研究所」がBLS（Business Laboratory for Students）だ。東大、東工大、東北大、名古屋大、香川大、九州大などのメンバー100人ほどが登録。現在は解散している。

「完全自動化してお掃除ロボットの価格が上がれば、せっかくつくっても売れないので結局使ってもらえない。それよりも、50度を超す炎天下で巨大な太陽電池パネルに溜まった砂を掃く非人間的な仕事から人間を解放する世界をつくりたい。それがこのロボットのミッションです」

イメージをもって製品づくりに対応することで、どこがいちばん求められる機能で（この場合は屋外ロボットなのでとくに頑健性が求められた）、どこが妥協してよいかの判断がつく。それが重要なことだと思う。

「未来の土をつくる」と表現してみると……

もし、いきなり「特定の土壌を必要とする野菜を、その土壌なしでつくる技術」という説明をされたら、あなたは瞬間に理解できるだろうか。カギカッコの中を何度か読めば、意味はわかるだろうが、こんな説明では失格だ。実際のキャッチコピーは「未来の土をつくる」だ。なんだか格好良い。

いろいろな粒子をポリマーや生分解性プラスチック、さまざまな物質と混ぜ合わせ、そこに微生物に住んでもらって未来の土をつくる。たとえば、同じ品種のイチゴであっても、育てる土壌によって成長、品質、栄養素も異なってくる。そのとき、「すべての食物はこの土でつくれます。それが『未来の土』です」という言い方をされると、土のような複雑なものでさえ、同質のクオリティのものがつくれることがわかる。

だから、「未来の土」が広がった場合、どういう世界ができるかをイメージできる。つまり、砂漠地帯でも、家の中でも、スペースコロニーでも、その「未来の土」さえあれば、どこでも同じクオリティのイチゴがつくれるのだ。

その技術が広がったときの世界をイメージする。そういう意味では、「高機能・高性能です」ではなく、もっとキャッチーな言葉で言い換えられる製品をつくっていかないといけない。

第4章

負を長所に変える!

1 イーロン・マスクの話術はうまいか？

ヘタでもバッターボックスに立てば、感動を与えられる

僕はあらゆる場、機会を通じて、ベンチャーをはじめる人にとって、いかに「話せる、書ける」ことが大切かを話してきている。それは事業計画書のサマリーを書いたり、エンジェルの心を動かしたりするためにも必須の力だ。ところが、これが不得手で、劣等感をもっているベンチャー創業者が無数にいることを僕は知っている。

彼らはいう、「話せるどころか、人前に出るのも嫌なんです」と。たしかに芸人さんがお客さんの前でウケず、滑ってばかりいると自信喪失にもなるだろう。しかし、**ベンチャー創業者にウケ狙いは不要だ。自分の会社の技術、サービスについて説明できればいい。**

もう一つ大事なことは、「話す、書く」は人類が最初から備えている能力だから、誰でも

できるということ。それを知ってもらうため、いくつか克服に成功した人たちの例をあげておこう。

共感を呼ぶイーロン・マスクの話し方

イーロン・マスクの話術自体はうまい部類に入るとはいえないようだ。言葉がつっかえたり、目がキョロキョロしたり、そのためスティーブ・ジョブズのような形、つまり「話術」として、うまく聴衆の心をつかむような話はできない、ということだ。

けれども、彼がネットで発信する内容はバズっていて、多くの人に反響と共感を呼んでいる。これはどういうことだろうか。おそらく、プロのライターがマスクのそばにいる、ということだろう。話し方はヘタでも、「話す中身」が充実していれば、人々の共感を得られるということだ。

僕はそれでもいいと思っている。全員がスティーブ・ジョブズのようなプレゼンの神様になれるわけではないし、話術が得意ではない経営者がいてもいい。ただし、その場合には「話す内容」があり、そばには書くことのできる人や、発信のうまい人を仲間として置いておくことも、ベンチャー経営者の仕事の一つだ。

自分を変えたジョージ6世の歴史的演説

話し方やプレゼンがヘタでも、常にバッターボックスに立ち続けようとする人は、それだけで信念のある人だと思う。そうすると、それはまた格好良いと思ってもらえる。

イギリスにジョージ6世（1895〜1952）という国王がいた。『英国王のスピーチ』（The King's Speech）という映画にもなったので、そのエピソードをご存じの人も多いと思う。彼はひどい吃音症だったため、スピーチをするたびに国民に失望感を与え、本人もそれに苦しんでいた。しかし、1939年9月1日のナチスによるポーランド侵攻を機に、イギリスは9月3日、ドイツに宣戦を布告。同日、ジョージ6世が緊急ラジオ放送で国民を鼓舞する演説をした。完璧な内容だった。国民は泣いた。

吃音症であろうが、あがり症であろうが、自分自身の口から直に国民に訴えることにこそ意味があると思い、それを実行した。格好悪そうに思えるけれど、逆に心をつかまれる。

僕が言いたいのは、それだ。大手企業の社長であれば別だけど、ベンチャーのCEOがうまく話せる必要はない。等身大の自分を表現できれば十分だ。プレゼンがヘタでも、自分がいわなければいけないことを、相手に伝えられればそれでいい。等身大以上にうまく話そう、感動を与えてやろう、笑いを取ろうなんて考えなくていいのだ。

プレゼンは技術でうまくなる

初めから話し方のうまい人はいない。でも、バッターボックスに立ち続ける勇気のある人は、必ず上達する。アメリエフの山口昌雄社長も、コーチングのプロである本多喜久雄さんに依頼し、毎月トレーニングをしている。日本人の経営者は、コーチをつけるのを嫌がるけれど、山口さんはトレーニングを欠かさないので、成果がはっきりと現われている。

海外では「プレゼンテーションは技術だ」ということで、小さい頃から教わっている。それでもイーロン・マスク同様、すべてのCEOの話し方がうまいわけではない。そこで彼らの多くは、プレゼンテーション・コーチをつけてスキルを磨こうとする。本番のように壇上に立って話をし、コーチから「いまの部分、こういう言い方にしよう」とフィードバックを受ける。修正を重ねていると、必ずうまくなっていく。

リバネスも、「出前実験教室」という形で研究者が子供たちの前で授業をするという仕事をしていたから、僕らは先生をする人に、いつもプレゼンテーション・コーチングを指導していた。だから自信をもって、「話し方はスキルだから、練習すればよくなる」と断言できる。

赤面、吃音症、足の震え……は改善できる

プレゼンでいちばん大事なことは、技術よりも「初めに訴える気持ちありき」という点だ。「何を訴えたいのか」だけは、僕らも指導できない。

リバネスに長谷川和宏という執行役員（アクセラレーターのグローカリンク社長を兼務）がいる。彼はいまや、どんなステージに立っても堂々と話せるし、パネルディスカッションの司会などもうまくこなせる。では、昔はどうだったかというと、本当に映像を見せたいぐらいに足が震え、吃音になり、「あの、その……」としか話せず、壇上で涙ぐんでいた。リバネス投資育成研究センターのセンター長である篠澤裕介という男も同じで、まったく話せず、赤面して吃音状態だった。

それがいまや、長谷川も篠澤も多くの人の前で堂々と話すことができる。トレーニングが人を見違えるほど変身させたのだ。

「話す、書く」は、人類に備わっている共通のテクノロジーだから、学びさえすれば身につけられる。場慣れということもあるが、「1スライド、1メッセージ」のようにしておけば誰でも話せる。

日本人に話すのが不得手な人が多いのは、性格的な問題ではない。単に、教育の中にコミュニケーションとプレゼンテーションの授業がなかったからだ。いまからでも遅くはない。「話す、書く」は学んで上達させよう。

2 ベンチャー連合で相乗効果をあげる

動き出した「ベンチャー連合」というヨコのつながり

大企業との付き合いも重要だが、ベンチャー同士のヨコのつながりもすごく大事だ。リバネスでは以前から、「テックプランター（TECH PLANTER）」というベンチャー企業の発掘育成を実施してきた。これは科学技術を活かした新たな事業の創造をめざすベンチャーの発掘・育成を行なうシードアクセラレーションプログラムだ。

２０１４年の「テックプランター」では、最終選考会にまで残ったカカシー社（Kakaxi社・米国カリフォルニア州。Kakaxiとは「案山子《かかし》」のこと）にリバネスは支援をしている。

カカシー社が米国で進めている事業にKakaxiという、農業ＩｏＴのモニタリングシステムがある。このKakaxiデバイスを農地に置いておくだけで、フィリピンであろうが、アフ

農作物をIoTで結ぶKakaxi

リカであろうが、携帯電話で使われている3G回線だけで農作物の成長過程をすべて画像で確認できる。とても便利だ。

Kakaxiデバイスには、全世界のどこからでも3G回線を通じたＩＴ系システムが使えるソラコム社[*14](SORACOM)のＩｏＴプラットフォームを採用している。Kakaxi社が初の農業デバイスのパートナーとして、そのソラコム社とリバネスＵＳＡを巻き込んだという構図だ。これこそ得意な分野で提携し助け合う、ベンチャー連合の姿だ。

ベンチャー連合＋大企業

ベンチャー連合という意味では、リバネスが主催しているエコシステム(テックプランター）の中には現在、70社以上が参加しているので、それらのベンチャーどうしも連携しながら入っていける。その連携したところに、今度は大企業がサポートしはじめるというパターンも出てくるようになった。

だからベンチャー同士も仲間だし、資金もインフラももっている大企業の力をうまく借りることができる。大企業もベンチャー連合のエコシステムに参画することで、新しいビジネスチャンスが生まれる。相乗効果は必ず出てくる。ベンチャーにとって、大手企業は敵ではなく、力を借りる相手なのだ。

その独占契約、ちょっと待った！

大企業から力を借りることを薦め、「チラ見せ」によって大企業からさまざまな提携話が舞い込むことも伝えたが、一点だけ注意しておきたいことがある。ベンチャーとして絶対やってはいけない、いわば「オキテ」がある。それは「**独占契約を結ばない**」ということだ。

そもそも、ベンチャーにとっては、大企業と取引をした瞬間に半独占状態に陥る。なぜなら、たとえば3人程度しかいないベンチャーに3000万円の仕事がくれば、その3人は3000万円の仕事のために必死で働くことになるだろう。他の仕事を断ってでも、大企業の仕事を優先しようとする。だから、あえて独占契約など結ばなくても、仕事が発注された段階で実質的に半独占状態になっているのだ。

だから、その事実を相手に告げて、やんわりと「契約書上は、独占という文言を外してください」というべきだ。ここで判断を誤ると、あなたのベンチャーは新規事業の研究のタネ探しの一端として見られたり、急に切られたりして慌てることになる。大企業の名前に惹かれるよりも、あなたの会社の技術や製品に本気で接してくれる企業と組むべきだ。

もし大手から「どうしても独占契約で」「どこの会社とも独占契約でやっています」といわれたら、次のようにいって相手の本気度を試してみてもよいだろう。

「独占契約はむずかしいので、それであれば次の我が社の増資のときに、少しでも結構ですから、出資をしていただけますか？」

これで相手の本気度がわかる。もし、出資してもらえるようなら、会社同士の深いつながりにもなるし、パートナーとして平等に見ようとしている証拠ともいえる。資本提携をする

*14　SORACOM

ＩｏＴ通信プラットフォームの有力な日本のベンチャー企業。アメリカにも拠点がある。「SORACOM Interstellar」は、地球から他の惑星に対して、高速かつセキュアに「惑星間通信」を可能にするサービス。２０１７年、同社はＫＤＤＩに２００億円で買収されることになった。

ことで、他の似たような会社が入りにくくなる。大企業にとっても自社の一部になるので、途中でその仕事を切りにくい。

そんなふうに根回しをうまくしていかないと、ベンチャーが飼い殺しにされてしまうケースをよく見かける。大企業との取引では、「独占契約で」という甘い言葉に浮かれるのは要注意だ。

ベンチャーは大企業の前では弱者と見られがちだが、知恵を働かせれば有利に事を運ぶこともできる。

3 有料で開催する

「真の顧客」だけをセレクト

顧客を集めることに関しては、モノづくり系ベンチャーはみんな苦手だ。初めから、「営業が得意ではないので……」と思い込んでいる。ただ、モノづくり系の売り物は営業力ではなく、技術力にある。だったら、技術を売り込んで、「なるほど、いいね」と相手にいわせればいいのだ。それなら絶対にできるだろう。

よく、無料セミナーを開いて顧客を集めようとするベンチャーがある。無料なら集まってもらいやすいという考えだろうが、あまりお薦めしない。**タダでは集まった人の本気度がわからない**からだ。

前出した腸内フローラ系ベンチャーのメタジェン（山形県鶴岡市）は講演やセミナーを有

料で開催することで、有力な顧客候補をどんどん増やしていった。僕はこれこそ、ベンチャーの顧客獲得の正攻法だと思っている。

わざとアクセスを悪くしておく

有力な顧客を集めるもう一つの方法として、意外かもしれないが**「見える化をしない」のが効果的**ということがある。「見える化」は世の中の趨勢《すうせい》だが、あえて逆張りをする。リバネスのホームページを見てもらうとわかるけれど、わかりにくいホームページになっている。あえて、「わかりにくくしておく」のも一つの手だ。

わざと「見える化をしない」意図はどこにあるのか。いつでも会える会社（人）と、かんたんには会えない会社（人）とでは、「どちらの価値が高いと感じるか」といえば、それは後者だ。なかなか会えない相手のほうが価値が高い。

先ほど紹介したメタジェンの場合、山形県鶴岡市にある慶應義塾大学先端生命科学研究所発のベンチャーであるため、本社を山形県の鶴岡市に置いている。同じ山形でも米沢のようなアクセスのいい場所ではないので、遠くてすぐには行けない。

実務的に困るという場合には、東京に営業所を置いておけばいい（同社はリバネス社内に共通オフィスを置いている）。こうすると、たとえ本社ビルが小さくて貧相な建屋であったとしても、誰にもわからない。

「本社が山形県の鶴岡市にあるので、鶴岡までお出でいただけると社長にも会えるんですけど…」といっておけば、どうしてもメタジェンと仕事をしたい、ぜひ社長に会いたい、という強い思いの人だけが時間とお金をかけてやってくる。来るほうも、来てもらったほうも互いに記憶に残る。

これは本気度を見るテクニックの一つだ。僕は地方に大学発ベンチャーがあると、そこへ行くのがとても楽しみだ。なぜなら、東京のベンチャー・キャピタルでさえ地方に行くのを面倒がるから、僕が行くと「よく来てくれました」と相手に喜ばれるし、本気だということも伝わる。

いまは地方に本社を置くのがおもしろいのだ。一見、弱点に見える所もベンチャーは長所と変えていけるのだ。

4 習慣化の思い込みをなくせ

「一人ひとりの社員の顔」を思い浮かべていますか?

大手企業でも、ビルの一角に稲荷神社がこっそり建てられていたり、縁起担ぎで「勝負ネクタイは赤」と決めている人もいる。たとえば、ユーグレナの出雲社長は、常にグリーンのネクタイをしている。これはミドリムシの色にちなんだ縁起担ぎであり、PRでもある。

縁起担ぎは別としても、ベンチャー経営者には業務に関係した良い習慣、やめたほうがよい「負の習慣」がたくさんある。これからベンチャーを起業してCEOになる人に向けて、僕の経験を少し交えながら見ていこう。

僕の場合の「良い習慣」はかんたんだ。朝起きた瞬間、リバネス全社員の顔を思い浮かべ、彼らが今日は何の仕事をしているかを考える。僕はこれを長く習慣にしている。とくにリバネスが起業してまもない時期は社員が少なかったこともあって、「長谷川はこの仕事。松原はあれをやっている。待てよ、長谷川は出社するよりも、家で待機したほうが交通費が浮くな」と気づくと、すぐに電話して「今日は自宅待機。オフィスまで移動しなくてよい」と伝えていた。

笑うかもしれないが、これで交通費500円が浮くことになる。このようなことを、まだ会社が小さい段階から習慣化していたし、社員が60人を超えた現在も続けている。もちろん、いまは交通費を浮かせることが目的ではない。

ベンチャーは人数が少ないし、それぞれが何をしているかを社長が把握していないと、何も決められなくなる。そういうことでこの習慣はずっと続けている。

「負の習慣」を見直そう！

二つ目は、「負の習慣」の見直しだ。朝、誰もが歯を磨くだろうが、磨く角度が悪ければ、気づかないうちにずっと磨けていない部分が残ってしまう。これが「負の習慣」の怖いところで、磨いてるつもりが、じつは全然磨けていないのだ。

「負の習慣」を見直すというのは、それによって何か新しい習慣を追加するのではなく、いつもやっていることをもっとよくする、つまり「正の習慣」に近づけようと考えることだ。歯を磨く角度を少し変えてみるだけで、虫歯が減る。これが僕のいっている、「毎日、負の習慣を見直せ」ということだ。

移動や通勤も同じだ。ビルの5Fまで移動するときに、エレベーターで行くのか階段を駆け上がるのか、ということだけでも変わってくる。1Fから5Fまで移動することは同じであっても、習慣は変えることができる。

通勤も習慣化していて、変わりにくい。9時に会社へ出勤するなら、僕は「その出勤時間の習慣を見直してくれ」という。習慣というのは、一回癖になるとそれが良いものだと思ってやり続けるけれども、じつは間違いかもしれないのだ。

いつも自分の習慣を疑え!

会議なども、結論をペンディングしはじめると、それも悪しき習慣となる。「時間内に、その場で決める」を習慣にすればスピード感が全然違ってくる。

議事録の作成もそうだ。いつも会議を終えてから1時間もかけて議事録をつくっていたとすれば、それも変えてしまう。「1時間かけて当たり前、という習慣を見直せ。どうする?

そうだ、その会議の場でまとめればいいだろ」と。これだって見直しの一つだ。良いと思っている習慣も、必ずしも良いとは限らないぞ、という感覚を常にもつことだ。

僕は常に自分の習慣を疑い、見直している。去年と同じ自分ということはない。

ベンチャーをやる以上、進化し続けなければいけない。その第一歩が悪しき習慣をなくすことと、「負の習慣」の洗い出し、見直しなのだ。

5 ベンチャーに向いている性格

失敗にも2種類のタイプがある

性格的な面で、ベンチャーに向いている、向いていないを感じることがある。「諦めが悪い人」というのは、どうしても行きたい場所があって、行く方法をたくさん考えられる人のことだ。そういう人はベンチャーに向いている。

たとえば、山の頂上に登ろうとするとき、二つのタイプがある。

一つは、特定ルートからの登頂しか考えないタイプ。そのルートで登れなくても、いろいろな方法を考えず、毎回飽きもせず、ずっと同じ方法でしつこく繰り返す。ねばり強いといえるのかもしれないが、絶対に開かない扉に対して何度も正攻法でドーン、ドーンとぶつかるのだから、こんな人はベンチャーには向かない。

二つ目のタイプの人も、やはりなかなか登れない。けれども、こっちから試してダメなら、次に別のほうから回ってアタックする、それでダメなら逆から挑戦する……と、とにかく試行錯誤を繰り返して毎回違う方法を編み出してくる。およそ考えられる、ありとあらゆる方法を使って登ろうとする。

一万回の失敗？　いや、「うまくいかない一万通り」の方法を発見した

僕はこのような人のことを「諦めの悪い人」と呼んでいるが、諦めの悪い人は大好きだ。僕も含め、ベンチャーをやっている人はみんな諦めが悪い。たとえば、業務提携のお願いに行ったとする。500社を訪問して1社からも良い返事がなかったら、「500社も回ったのに、ダメか」と思ったりしない。「次は600社に顔を出せばいい。600社に行ってダメなら700社に行けばいい」と考える。

上場企業は3500社もあるから、500社ならまだ7分の1だ。あと3000社も候補がある。上場していない企業もあるし、アメリカに行って売り込むことも考えられる。方法論は何通りもある、と楽天的だ。

ちなみに3500社という数は、ちょうど僕らリバネスの社員が墨田区の全町工場を回っ

た数と同じだ。だから、本気で3500社を制覇できる自信もある。これは単純に、起業家の資質だ。

エジソンは1万回の失敗に対し、「私は失敗したことなどないよ。うまくいかない1万通りの方法を発見したのだ」といったそうだ。

重要なのは、「うまくいく方法論はたくさんある」と考えられる人であること。何度でも、さまざまな角度からの「トライ&エラー」を考え出し、それを実行できる人がベンチャーに向いている。

シロウトの意見をも受け入れる「素直さ」

「頑固者」と「諦めない人」は似て非なるものだ。その違いは何だろうか。僕はそこに「素直さ」を感じ取る。まったくのシロウトの意見であっても受け入れられる力、素直な力、これが加わらないと、ただの頑固者に過ぎないと思っている。

分身ロボットをつくっているオリィ研究所の吉藤所長も、すごく素直だ。僕の専門はバイオであって、工学でも、電子でもない。ロボットなど、まるでわからない。

その僕がオリィの分身ロボットに対して「PCに接続するのではなく、電源を独立させろ」

といえば、ふつうは「ふざけないでください、あなたは電子工学のイロハも何も知らないでしょ」といい返してきてもおかしくはない。

けれども、彼は「わかりました、やってみます」と、シロウトのアドバイスでさえ受け止める度量がある。その素直さこそ、ベンチャーをやるためのピカイチの才能だと思う。

成功したベンチャーの起業家に共通しているのは、まったくの異業種、シロウトに近い人からいわれたちょっとした「こうだと思うんだけど、どう思う?」という一言をスルーしないことだ。これが成功している。強情さも必要だが、誰からの話であっても真摯に聞こうとする素直さも必要のようだ。

6 化けるアイデアは99回、ダメ出しされる

「失敗する」といわれ続けるほうがうまくいく

僕の経験でいうと、だいたい99回ぐらい断られ続けたぐらいのアイデアのほうが、その後、大きく跳ねているケースが多い。

僕がリバネスで「出前実験教室」という事業計画を周りの人に話したとき、ほとんどの人から「絶対失敗するぜ。悪いことはいわないから、やめておけ」といわれ続けた。事業計画書を見せて、「センパイ、投資してくださいよ」といっても、1人も投資をしてくれない。

だからこそ、うまくいった、と思っている。

なぜなら、あとからマネしようとしても、誰もがムリだと思う事業なら、参入障壁がそれだけ高いということだからだ。

逆に、**「なるほど、いけるね。××も同じようなことをいってたから、可能性があるんじゃない？」と誰もがすぐに思いつくテーマや賛同するような企画は、参入障壁がそれだけ低いということだ。**成功したとしても、誰でも追随して参入できる。あとはコスト競争の泥沼に陥るだけだ。

ユーグレナの立ち上げのときもそうだった。「ユーグレナって何？　え、ミドリムシって、青虫のことか？　違う？　そんな得体の知れないものを飲んだり食べたりするの？　あんた正気か？」とか、ミドリムシに多少の知識がある人には「ミドリムシってねぇ、培養がとてもむずかしいんだよね。だから断言する。君たちの計画は頓挫するよ。投資？　そんなの、できるわけないじゃない」といわれ続けたこと、なんと500回。それがいまでは、東証一部で1000億円の時価総額を誇る企業に成長している。

そんなものだ。だからこそ、参入障壁が高いものを選び、他人のコメントに一喜一憂しないことだ。

市場は計算するものではなく、創るもの

新しいアイデアを事業化しようとすると、計算が先に立つ人はこんこんと説教をする。

「いいか、おまえ、市場を計算しろよ。塾業界はこうだろう。子供人口は減っている。受験以外の産業って何か存在するか？　ないだろ？　市場を考えろよ。マーケティング思考が欠けてるんじゃないの？」

そこで、僕が「市場がないのではなくて、これから市場を創るんです」というと、「丸、おまえって、あいかわらず熱い奴だなぁ、まぁオレは忠告をしたからな。あとは知らん」と突き放される。

最近になって久しぶりに会うと、てのひらを返したように、

「丸、オレは最初からおまえを信じていたよ。きっとやる男だと思っていたぜ」

という。当時はロジックを立て、マーケティングで市場を計算し、「市場がないからダメ」と罵倒していたことを思い出すと少しは腹も立つけれど、そういうときは「ありがとう」ということにしている。そんなことはいちいち気にしていられないし、その場で忘れることにしている。

ただ、僕のアタマの中に隠してあるメモには、しっかり名前を書き込んでいるけれど。

7 スマートより、泥臭さで戦う

最低限の「作法」を身につける

有益な情報というのは、パソコンの前に座って検索すれば入ってくるようなスマートなものではない。井戸端会議みたいなもので、町工場のオヤジさん、大学の先生、大手企業の役員など、さまざまな人に直接会って、もらってくるものだ。

リバネスの働き方はよく誤解される。

「リバネスの社員の方は、きっといつも研究室のようなオフィスで、ホワイトボードやパソコンを使いこなしながら電子会議をして、すごくクリエイティブな会議をやってるんでしょ。たまには外に出られることはありますか?」

冗談ではない。そんなことをしていては、ナマの情報や知識など取れない。

僕たちの服装は、会いに行く相手によってカメレオンのように変える。大学の先生、企業の経営トップ、政府の諮問委員会、町工場のオヤジさんなど、どういう人に、どのようなケースで会いに行くかによって、服装も生活スタイルも変えてしまう。

僕が墨田区や板橋区、大田区の町工場に行くと、「やぁ、来たか」と機嫌よく対応してくれるけれども、ふつうは知らない人間が行っても、いい顔はされない。そこはもう、町工場の作法に対応できているかどうかだ。

スーツ姿のビジネスマンが大学のキャンパスに入って行ったり、あるいは町工場へ行くだけで、「何か、技術を盗みに来たのではないか?」と警戒されてしまう。だから、場違いな服装はNGだ。これを僕らは、相手と仲良くするための最低限の〝作法〟と考えている。

大学へ、オフィスへ、町工場へ……仲良くするための方法

大学の先生に話を聞きに行くときには、僕はジーンズにスニーカー姿と決めている。革靴も履かない。町工場では、たばこを吸う。なぜなら、オヤジさんたちとは喫煙所で会うことが多いので、町工場に出掛けるときには、たばこを吸うのも作法の一つだと考えている。

相手が大企業のトップのときに、ジーンズで行く人はいない。絶対にスーツにネクタイ着

用でないと仕事にならないからだ。

これは知人から聞いた話だが、ある有名な社長さんに取材に行ったとき、同行者（知人の部下）がスーツではなく、ブレザーで来てしまったらしい。それを見た社長さんが開口一番、「キミの服装はなんだね？　僕に取材に来たのではないのかね？」と詰問されたそうだ。良好な関係を築くどころか、いきなりぶち壊しだ。

リバネスはＩＴ系のイケイケスタンスの会社ではない。だから、「うちは大手企業の役員と会うときだって、スーツなんか着ないっすよ」と格好つけるのは絶対ダメ、と口うるさくいっている。相手がスーツを着ていれば、こちらもスーツという鎧《よろい》を着る。柔道着を着てきたら、こっちも柔道着を着て戦う。それくらい、コミュニケーションに対して徹底的なプライドをもって仕事に臨んでいる。それがコミュニケーターだ。

結局、**相手とどうすれば仲良くなれるのか、どうすれば気持ちよく話をしてもらえるのか、**それだけを考えているので、僕らのやっている仕事のやり方はスマートからはほど遠い。はっきりいうと、泥臭い。

でも、こんなやり方はネットで検索していても、見つからない。どうしたらそんな情報を手に入れられるのか。それは現場に足を運んで経験してくることだ。

喫煙所から生まれたビジネス

このような事情があるので、いまでもリバネスでは、半数の役員がたばこを吸える。決してたばこを推奨しているのではなく、相手に合わせているだけのことだ。

僕も、相手の社長さんがたばこを吸う人だとわかれば、喫煙所でたばこを吸いながらチャンスを待ち構える。

初対面の社長さん、研究所の理事長さんが運よく喫煙所にやって来たら、話しかける。

丸「今日、講演会を聞かせていただいたんですが、お話、おもしろかったですねぇ」

社長「君は？　何をやっているの？」

丸「はい、リバネスという会社の、丸といいます」

と初めて名刺を出してかんたんに会社の説明をする。

社長「ほ〜っ、なかなかおもしろいことをしているんだね、いろいろな先生方とつながっているのか。そりゃあ、うちとも付き合ってほしいなぁ」

丸「ありがとうございます。今度御社に伺ってもいいですか？　お話を聞かせてください」

と再訪を約束する。

僕はどちらかというと意図してたばこを吸っているけれど、本当にたまたま喫煙所での縁が仕事につながった例もある。

リバネスのある役員は、大手ＩＴ企業の社長さんと喫煙所でまったくの偶然で仲良くなった。ただし、個人的に仲が良くなっても、リバネスと、大手ＩＴ企業とでは、直接の仕事に結びつくことはない。

けれども、僕らはコミュニケーター業なので「人」や「企業」をつなぐのが仕事。たとえば、リバネスを介して腸内フローラを研究しているメタジェン（山形県鶴岡市）と、先の大手ＩＴ企業をつなぐことで、新しいビジネスが鶴岡で生まれようとしている。


たばこを吸えとか、ジーンズを着用しろといっているのではない。自分が研究者だ、技術者だといっても、いろいろな相手から情報を得なければベンチャーは前に進まない。そのためには相手のことを知ろう、相手と仲良くしよう、という気持ちが必要になる。そのためにあなたができることをすればいい、ということだ。

第5章

「if」を常に考えて動く

1 起業に迷ったら「トリガー」で決める

「嫁ブロック」という反対勢力

ベンチャーをはじめるとき、最も大きな障壁となるのが、家族との関係だ。**家族から反対されると、そもそも起業できなくなる。**俗に「嫁（旦那）ブロック」と呼ばれているもので、身内からの反対はハードルを一気に高める。「大企業に勤めているからあなたと結婚したのに、ベンチャーをはじめるなんて全然聞いていません。私は断固反対です」と嫁ブロックされ、最悪は離婚話にまでつながるケースだ。

さすがに、これはリバネスでも解決できない。だから、ベンチャーを志す人はお嫁さん（もしくは旦那さん）の理解を得られるように、事前の話し合いをしておく必要がある。

「いま、オレは大企業にいるけれども、将来、起業するかもしれない。そのとき君はサポートしてくれるかい？」と確認し、それを録音しておいてもいい。「いいわよ、私が働くから。あんたの生活ぐらいは大丈夫よ」といってくれる嫁さんのほうが、ベンチャーをやろうとする場合はいいだろう。

すでに結婚していて、これから起業しようと考えている人にとっては、「もしも反対されたら……」に備えて早めに手を打っておく必要がある。

起業するか否かのラインを設定する

「嫁ブロック」がなかったとしても、ベンチャーをはじめるかどうかは最後まで躊躇するものだ。せっかく大企業に勤めているのに、そこを辞めてしまえば安定した収入を棒に振るだけでなく、リスクまで背負ってしまう。いざ踏み出そうとするタイミングがむずかしい。

それを自動的に決める方法が「トリガー」だ。

ある意味では「えいやっ」と飛び込んでしまうようなラインを最初に決めておく、ということだ。たとえば、台風発電のチャレナジーの清水社長の場合には、起業するか否かの一線である「トリガー」を自分で決めていた。

それは「特許が取れたら会社を辞める」——ということだった。特許が取れた清水社長はあっさり会社を辞めてしまった。

前職は収入の安定した電機メーカーだったので、何らかの「辞める理由」を無理矢理でもつくっておかないと、独立できなくなってしまう。きっと、本人もその危険性を自分自身に感じていたのだろう。そしてサイは投げられたのだ。

ベンチャーをはじめたいけれど、グズグズしそうな人の場合、あるいは好条件の会社に在籍している人の場合、事前に自分で何らかのルールを設定して、飛び込むか、あるいは撤退するかを決めておくことも必要だ。

定年起業、学生起業のケース

起業するときの年齢はあまり関係ないし、僕らも重視していない。最近では60代での起業が増えてきたという統計もある。おそらく、子供が巣立って教育費やローンの心配がなくなったということだろう。

クァンタリオン（東京都文京区）という、放射線を利用して乱数を発生する機構をつくっているベンチャーがある。専門的には量子認証素子というのだが、ソフトウェア的には絶対にマネができない製品だという。そのビジョンは壮大で、「比類ない真正乱数発生機構がＩ oT基盤を万全にする」というものだ。

しかし、クァンタリオンのメンバーはいずれも高齢。そんな彼らがリバネスのテックプランターの場で驚異的なプレゼンを見せてくれた。

「自分たちはそのビジョンを実現するまで携わってはいられない（生きてはいられない）と思うので、このビジョンを実現するため、次の社長を探して用意します」と堂々と言い放ったのだ。事業継承まで考慮してくるプレゼンを聞いたのは、後にも先にも、これが初めてだった。

自分たちの技術で世界を変えてやるぞ、しかし自分たちのビジョンは壮大過ぎて、それを実現するまで生きていないかもしれない、だったらそのビジョンを引き継いでくれる次期社長も用意しておこう、と言いきったのだ。こんな例もあるから、年齢はあまり関係ないと思う。

逆に、学生ベンチャーはどうだろうか。僕は大学院時代にリバネスをつくっているから、「きっと、学生ベンチャーを増やしたいというに違いない」と思われるかもしれない。けれども、本当のことをいうと、あまり賛成しない。資産家の御曹司でもない限り、学生ベンチャーの成功確率は非常に低いのが現実だし、苦労ばかり多く、できれば学生でベンチャーをはじめるのは少し待っておいたほうがいい。

ただ、学生ベンチャーがひとたび当たると化けるのも事実だ。とくに既存の起業タイプではなく、創業タイプであれば可能性がある。日本ではリクルートがそうだし、米国であればグーグル、フェイスブックがそうだ。

でも、これらのベンチャーはいずれも情報系、IT系での成功であって、リアルなモノづくり系ベンチャーは少なく、厳しい。成功例としては古くは堀場製作所、最近ではユーグレナぐらいで、その意味でもユーグレナはかなりレアケースといえる。

[投資][浪費][消費]の区別をつけておく

ベンチャーをはじめるのに年齢は無関係といったけれども、成功確率がいちばん高いのはやはり40~45歳の間とされている。理由としては、準備期間がある、自己資金がある、経験がある、人的ネットワークがある、と成功条件がすべて揃っているからだ。大企業などでさまざまな経験をしたあと、そこから自分のやりたい創業・起業をするというのは、借金比率も低くなるので成功確率が高い。

だから本当に起業したい場合は、20代の頃は会社の中でガムシャラに働くことだ。できるだけたくさんの経験を手に入れておく。可能なら、経験を積むことのできる場所に異動させてもらい、自分を育てていく。金のムダ遣い、とくに浪費は絶対にしてはいけない。消費（エアコンの買換など）もできるだけ抑える。

ただし、金遣いで一つ大事なことがある。**ムダ遣いは徹底して排除するけれども、投資はケチるな**、という点だ。たとえば、10万円ですごく有名な経営者、師事する人の会合に行けるとすれば、いろいろなレクチャーを期待できるので「投資だ！」と思ってお金を使おう。

つまり、

［投資］［浪費］［消費］――この三つの違いを使い分けられる人になってほしい。

ということだ。本や雑誌は投資だから、どんどん買って読もう。女の子と遊ぶのは将来の伴侶以外、浪費だと思ってやめておく。美味しいご飯を1人で食べるのは浪費だからやめる。けれども、大社長との会食であれば投資だから行く。

僕は少なくともそうしてきた。結局、20代でどれだけ経験を積めるかということが、後の人生で大きな花を開くベースになる。少なくともボーナスは全額貯めておき、5年で300万円の貯金はもっておきたい。

20代に準備をしていれば、30代に入ると多少のお金は用意できているはずだ。そこで35歳からスタートをしようとか、独立して40歳までには食えるようにするぞ、という体制づくりを考える。その体制づくりの中に、先ほど触れた「家族の嫁ブロック」も入ってくる人が多いだろう。

いま、僕のところに「ベンチャーをはじめたい」と相談に来る人の多くは社会人だ。だいたいは、子供が小学校に入るぐらいの時期、つまり30代半ば以降で勝負を賭けている。

起業は100m競走ではない、マラソンだ

ベンチャーを起こしてみると、「長期計画を立てておかないとダメだ」という、ごく当たり前のことに気づく。

起業というのはマラソンに似ていて、どこで水分補給をして、どこの坂道で一気に勝負を賭けて……ぐらいは最初に考えておかないといけない。 100m競走のように、最初からトップスピードで走れば、1キロももたずに死んでしまう。

僕の場合も最初に大筋を決めていた。2001年12月に創業し（修士1年）、翌2002年6月にリバネスを設立し、大学院卒業の28歳のときには「40歳になったらどうするか」（本書執筆時、39歳）という、12年間の計画を立てていた。

ベンチャーをはじめた最初の頃は「この生活が一生続くのか」と思い、息苦しくなってしまう。だからこそ、長期の計画を立て見通しをもっておくことで、「いや大丈夫。もう少しするとここまで進む。そこでこうしよう」と決めておければ、気持ちもラクになる。

会社をつくった以上、僕だって一代で終わらせるつもりはない。かといって、自分の息子に継がせるつもりもない。そこで、「いつまでに次期社長をつくろう」と考えておくことも大事だ。

どういう人材であればリバネスのビジョンを引き継げるのか、ということも28歳の頃、すでに考えていた。長期的に見ると、いつ、何をやらなければいけないかが見えてくるので、それを計画に組み込んでおくといい。

2 ベンチャー万事、塞翁が馬

〝危機〟は突然訪れる

ベンチャーをやりはじめると、「これは危ないかも？」と思う〝倒産の危機〟が幾度となく襲ってくる。ＩＴ系はまだしも、モノづくり系はお金もかかるし、製品出荷まで先が長いので、ここで屍になるケースも多い。

リバネスもご多分に漏れず、起業直前、そして安定的なクライアントをつかんでからも危機を迎えたことがある。それぞれの対応法は異なったが、いずれも「即決対処」という意味では共通するものがあった。そこで、リバネスがどのようにして、この二つの危機を乗り越えたか、それについて少しお話ししておこう。

リバネス一回目の倒産危機——学生ベンチャーからの脱皮

リバネスではこれまでに二度、会社をたたもうと思った時期がある。一度目は2006年1月26日の誕生日（28歳）のこと。その2か月後の3月には、僕も博士課程を修了し、大学を卒業する。リバネスの全員に、ポスドクの話や民間企業からのオファーが来ていた。

当時、学生ベンチャーとしてスタートしたリバネスの売上は、5300万円ほどに過ぎなかった。このままの売上では、全員を雇って給料を払っていくことは不可能だ。これを機にリバネスを解散して各自が自分の道を歩むのか、リバネスを続けていくかの決断をしなければいけない時期だった。そこで僕はみんなに次のように提案してみた。

「あと1年だけチャレンジしたい。次の1年で食えるようにならなければ、みんなの今後の人生もあるから、そのときはリバネスを解散したい。だから、この1年、ガムシャラに進んでみたいと思っている。どうだろうか。目標は最低でも2倍以上の1億2000万円。月1000万円の売上を達成できなかったらリバネスをたたむ」

こうして全メンバーの合意を取りつけ、1年間必死にみんなが動いた。

それまでは「バイオ教育のリバネス」を標榜していたが、このときからは「最先端科学のリバネス」へと切り変え、パーティがあれば「あの社長さんに会えるならパーティ代は安いもんだ。おまえ、行ってコンタクトを取って来い」と送り出して顔をつなぎ、営業をさせてきた。その年は記憶に残っていないほど動き回り、売上もグンと伸びた。

いま考えると、「学生です、ベンチャーもやっています」という二足の草鞋《わらじ》は、「いざとなったら学生に戻れる」という逃げ道のある活動だったともいえる。だから2006年の1年間はリバネスにとって危機であると同時に、メンバーの意思統一を促す年でもあった。

2回目の倒産危機——震災で売上が一気に半分に?

次の危機はさらに「倒産間違いなし!」というものだった。それは何の前触れもなく訪れた。2011年3月11日、東日本大震災が起きたのだ。

当時、東京電力はリバネスにとって大きなクライアントだった。それが東日本大震災の影響で、2011年には東京電力を含め、リバネスが請け負っていた教育事業のほとんどが消えてなくなり、翌2012年にはすべて飛んでしまった。主事業の売上が2年間も半分に落ちれば、どんな企業であっても潰れてしまう。いわんや、駆け出しのベンチャーだ。

当日、僕は北海道で講演をしていたため、ニュースで地震や津波、さらには原発事故を知った。この時点ではまだ、東京電力からの仕事がすべてキャンセルされたわけではなかったの

だが、僕は危険を察知。そこですぐに東京にいた池上昌弘CFOに電話し、
「いますぐに銀行へ行け。5000万円～1億円を借りてこい」
といって急遽、資金手当てをした。リバネスの売上が半減することを銀行が知ってしまえば、その後に借入交渉はできない。だから、まだ知られていないうちに先手を打っておいた。これが「吉」と出た。

その資金で新しくはじめた事業が飲食業だ。日銭が入る商売を一つ、確保しておきたかった。そのおかげでリバネスの本業の減収分を補完でき、全体としては売上が減らずに済むことができた。

「なぜリバネスが居酒屋経営を?」と聞かれることも多い。きっかけは大震災による売上の大減少を予測し、「日銭」がほしかったためだが、そのことで倒産の危機を乗り越えただけでなく、結果的に仕事の幅を広げることもできた。吉野家ホールディングスなどとも、ホンネでさまざまなノウハウの交換ができるようになったのだ。いまは関連会社のライナ株式会社に飲食事業を譲渡している。

いざというとき、「最悪の状況」をアタマの中で素早くシミュレーションし、全力で回避すること。そうすると、本来の目的を達成するだけでなく、思わぬ副産物を得られることも

ある。

ベンチャー万事、塞翁が馬である。

3 大災害の「if」にどう対策を打つか?

社内メールを厳禁に

東日本大震災による原発事故で、リバネスは二度目の倒産の危機に瀕した。かろうじて飲食業がリバネスの屋台骨を支えてくれたわけだが、僕はこのとき、強く実感し決意することがあった。それは日本は自然災害を避けられない国だということだ。

もし、東京に大震災が起きたらどうなるのか、富士山が大爆発を起こしたらどうなるのか、北朝鮮のミサイルが飛んで来たらどうなるのか。それらをシミュレーションしたとき、次の二点の決定をせざるをえなかった。

一点目は、社内システムを「メール厳禁」にしたこと。二点目は、東京&シンガポールの2極体制に切り替えたこと。

まず、メール厳禁の理由は、東日本大震災によってリバネスの社内ではメールが使えず、ツイッターしか使えなかったことだ。現在、リバネスでは社外とのやり取りにはメールを使っているけれども、社内のやり取りにはメールは厳禁。また、社内チャットシステムなどはスラック（Slack）に変更した。[*15]

メールの場合、情報が全部飛んでしまったら、業務がその瞬間から滞ってしまう。そこでサーバー設置も含め、日本という地震国に情報の基盤を置いておくのはリスクが大き過ぎると判断し、海外に分散させることにした。これが震災を経験した一点目の震災対応だ。

なぜ「東京・シンガポール体制」に変更したのか？

二点目の震災対応は、東京&シンガポールの2極体制に切り替えたことだ。大阪ではなく、あえて「シンガポール」を選んだ。その理由は三つある。

一つは、シンガポールは世界基準の都市であるということ。震災直後は、日本のどの企業も東京リスクということで、「大阪との分社構想」を提唱したことは記憶に新しい。リバネスにも大阪事業所はあったが、大阪の致命的な欠点は「世界から何かが集まる都市」ではないことだ。世界基準で選ぶと、アジアの中で人・モノ・情報・金融がそろっている都市は、東京、シンガポール、ホンコンなどだ。日本では東京だけだ。

シンガポールを選んだ二つ目の理由は、英語が公用語であり、世界的な仕事が回ることだ。企業環境がよいこと、そして僕自身が幼稚園から小学校3年生の4年間住んだ経験もあって、土地勘があることもあげられる。

三つ目の理由は、シンガポールの大きさが東京23区とほぼ同じだということ。面積、経済、GDPを考えると、どれも東京と大差がない。教育レベルで見ると、現在、シンガポール国立大学（NUS）は2016年度アジアの大学ランキング1位で、東大よりも上位にランクされる。NUS以外にもNTUという大学もあって、東大、東工大のような関係で、しかもランキングはアジア2位だ（いずれも英タイムズ・ハイヤー・エデュケーションにおける「アジア大学ランキングTOP100」2016年）。シンガポールにはアジアの知恵が集まっているのだ。

こうして、リバネスは最悪の事態を考え、シンガポールを選んだ。東京に震災が起きた場合、東京の人間をシンガポールと大阪に移動させることでリバネスを残し、社員が絶対に食っていけるようにしようという計画だ。

*15 **スラック（Slack）**
2013年、米国発のチャット型のコミュニケーション・ツール。仕事の効率を上げる必須アイテムとして、とくにベンチャーを中心に普及している。

生きる場所は日本だけではない

「災害は忘れた頃にやってくる」という。最近は忘れる暇もなく、大震災、津波、集中豪雨による洪水、噴火さらに竜巻に至るまで、大災害は日本のどこにいても逃れられないことは、日本人の大きな教訓となっている。

所帯がきわめて小さなベンチャーがこのようなリスクをひとたび背負い、人的被害を被ると、すぐに倒産の危機に見舞われる。これは日本に本拠地を置くすべてのベンチャーにとっての致命的リスクだ。だからこそ、社員の避難先をシミュレーションし、大企業以上にそれに取り組み、対応を取っておかないといけないと思う。

逆に、小さな所帯だからこそ、避難先さえいったん整えておけば、なんとか食っていけるのも事実だ。その意味では、ベンチャーとは海賊のような存在かもしれない。

第6章

マイルストーンを考えた資金手当の極意

1 ステージごとに何を考えておくか？

モノづくり系ならではの方向転換

ベンチャーの発展段階（ステージ）としては、①シード、②アーリー、③ミドル、④レイター、⑤IPO／M&Aといった言い方が一般的によくされている。この分け方を見ると、「そうか、ベンチャーにとっていちばん大事なのは最初のシードだね」と思ってしまいがちだ。実際、多くの説明では①シードからはじまっているが、じつはシードの手前に「プレシード」という非常に重要な段階があることを忘れている。

このプレシード段階にどんなチームをつくり、どういう技術を開発していくか、それによってモノづくり系ベンチャーはどの方向に進めるかが決まる。次のシード段階にまで行くと、特許と研究のタネ（テーマ）があるので方向性も決まってしまう。さらに、アーリー段階に入ればピボット[*16]（方向転換）はできない。

ＩＴ系ベンチャーの場合は、技術面にかけるお金が少額で済むのでピボット可能だが、その点、モノづくり系ベンチャーは資金も多くかかり、あとになってからピボットするのは非常に厳しい。

たとえば、ｉＰＳ細胞に関する技術を開発していたのに、それをピボットしようものなら、その段階までにかかった3億円が飛んでしまう。だから、モノづくり系ベンチャーを起こすなら、このシードの手前、つまりプレシードの段階で「どの方向へ行くのか」を決め打ちしておかないといけない。

*16　ピボット
方向転換すること。コアな考え方を中心にいろいろなマーケットを行ったり来たりして、少しアプローチの方向を変えつつ、成功確率も変えられる。

2 多数の研究のタネをサブマリンで仕込め

モノづくり系の成果は時間がかかる

モノづくり系ベンチャーがかんたんにピボットできない理由は、お金だけではない。時間も長くかかるのだ。一般に、モノづくり系では研究を開始してから成果が出るまで、およそ7年もかかる。

だから、**プレシード段階で、どういうビジョンで、どういう技術開発を水面下で進めておくか、その方向性をいくつも「同時並行」して進めておく**。プレシード段階でスタートしておかないと、成果が出るまでに時間がかかるので間に合わない。

僕がサポートしたユーグレナの例で見てみよう。最初はミドリムシのサプリメントしかやっていなかったが、「最近、バイオ燃料だとか化粧品まで出して、いろいろと手を広げてきたな」

と驚いている人もいるかもしれない。

だが、これらはすべて、ユーグレナのビジョンに沿って最初の段階（プレシード段階）からすべて可能性を議論し、水面下でずっと研究してきたものだ。それがようやく浮上して日の目を見て、ビジネスになってきているに過ぎない。

モノづくり系は仕込みに時間がかかるので、急に製品化することなど不可能だ。知らない人には、「急にユーグレナは商売の範囲を広げはじめた」ように見えるかもしれない。魔法のように見えたとしたら光栄だが、実際にはサブマリン[*17]で長い時間をかけて研究を潜航（先行）して進めていた。外部から見えないだけで、ビジョンに従って研究のタネを多数仕込んでいたのだ。

メガベンチャーへの可能性はプレシード期に決まる！

モノづくり系ベンチャーにとっては、プレシード段階でサブマリンをいくつ走らせている

*17　**サブマリン（パイプライン）**
本書ではイメージとしてわかりやすい「サブマリン」という用語を使っているが、ベンチャー用語としては「パイプライン」と呼ぶことも多い。とくに創薬系では、「着手から製品化（売上の回収）までの流れの中にある品目」という意味で使われる。

かが勝負だ。

ユーグレナは、日本コルマー（化粧品製造のアウトソーシング）と「抽出エキスでＳＫⅡができるなら、細胞復活効果があるミドリムシの抽出物でも研究しよう」と話をつけて、プレシード段階で早くも化粧品研究に着手していた。バイオ燃料もプレシード段階で徹底的に議論していた。

将来、その技術・研究のタネがどれほど化ける可能性をもっているものなのか、どういう基礎研究を裏で早くから進めておけばいいのか、課題をどうやって克服できるのか、人材をどう付けていくか――プレシードの段階で、これらの議論をし尽くしたものをどのくらいもてるか。これこそが、将来、メガベンチャーになれるかどうかを決める。

もう一度断言しておこう。シードの前の「プレシード段階」で、サブマリンをどのくらい同時に走らせられるか、それがモノづくり系ベンチャーの勝負のすべてなのだ。

負のアドバイスをするキャピタルに要注意

ユーグレナだけでなく、創薬系のバイオベンチャーであるアムジェン（米国・ロサンゼルス）など大成功したメガベンチャーはいずれも、早めにサブマリン（パイプライン）をたくさん仕込んでいる。これがベンチャーが大成功するための鉄則だ。つまり、**「ワンカンパニー、ワンテクノロジー」で生きていく時代は完全に終わっている。**

ところが、日本ではいまだに昔の感覚を引きずっていて、プレシード段階でベンチャーに対し、「ワンテクノロジー」を指導する困ったキャピタルも存在する。「他のテクノロジーは全部削ろう。一つに絞ったほうが成功するから」と負のアドバイスをしているのだ。

アドバイスを信じたベンチャー企業は、その一つが失敗したらすべて終わりだ。IT系ベンチャーであれば、ピボットの時間も短期間で済み、お金もあまりかからないため、一点突破主義でもいいいかもしれない。

しかし、モノづくり系ベンチャーは、コア技術を育てるのに時間と金がかかる。IT系とはまったく違うのに、スタート段階で同じ感覚でアドバイスを受け、ビジョンを間違えてしまうと取り返しがつかない。失った時間は戻ってこないのだ。

ラボ運営とベンチャー経営は一点だけ違う

大学発ベンチャーでも、同じ弊害が現われているので、それも確認しておこう。あまり表に出ないので知られていないが、大学の研究室では助教や大学院生を使って20本も30本もの

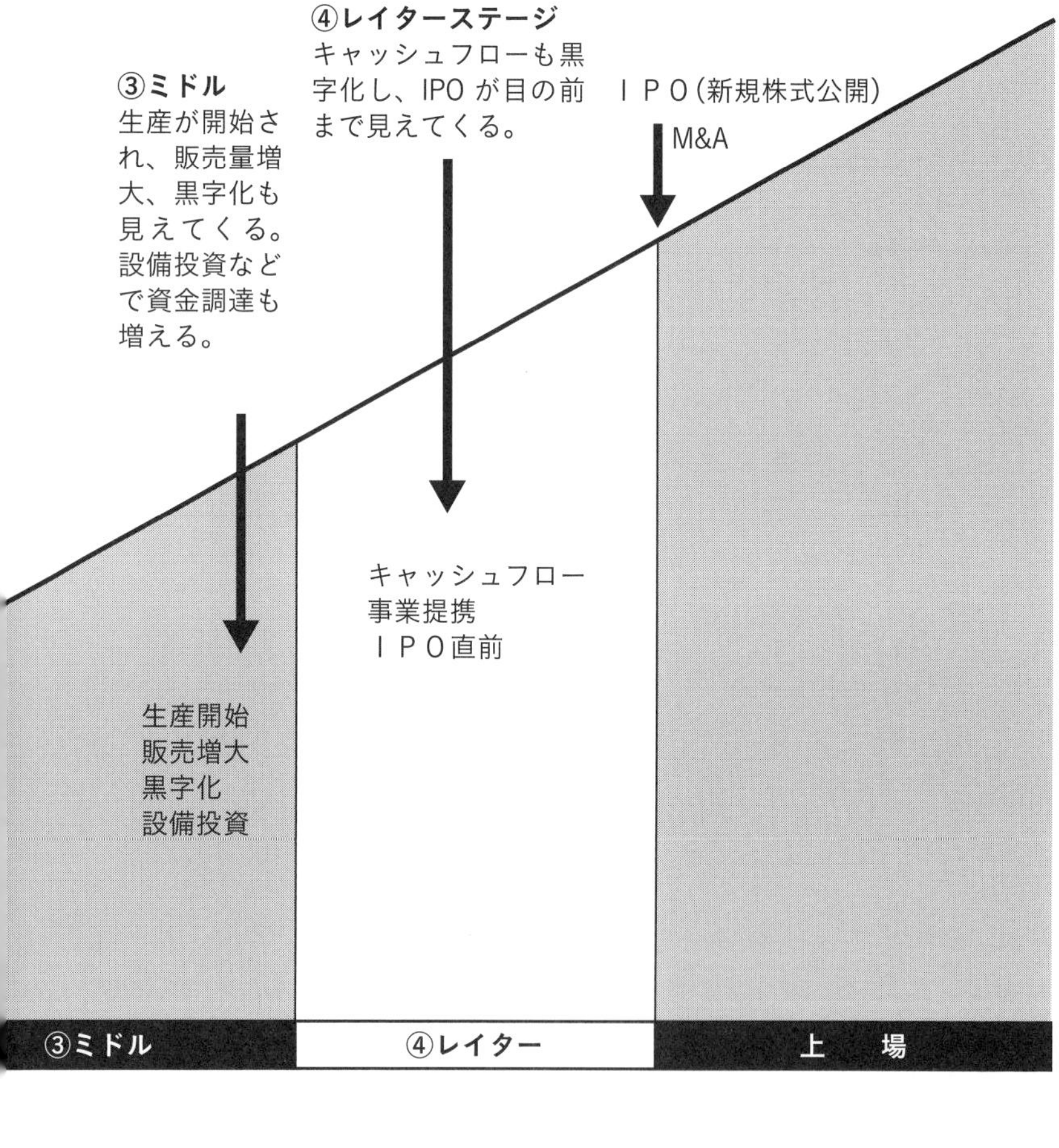

④レイターステージ
キャッシュフローも黒字化し、IPOが目の前まで見えてくる。
③ミドル
生産が開始され、販売量増大、黒字化も見えてくる。設備投資などで資金調達も増える。
IPO（新規株式公開）
M&A
キャッシュフロー
事業提携
IPO直前
生産開始
販売増大
黒字化
設備投資
③ミドル
④レイター
上場

ベンチャーの発展ステージ（段階）

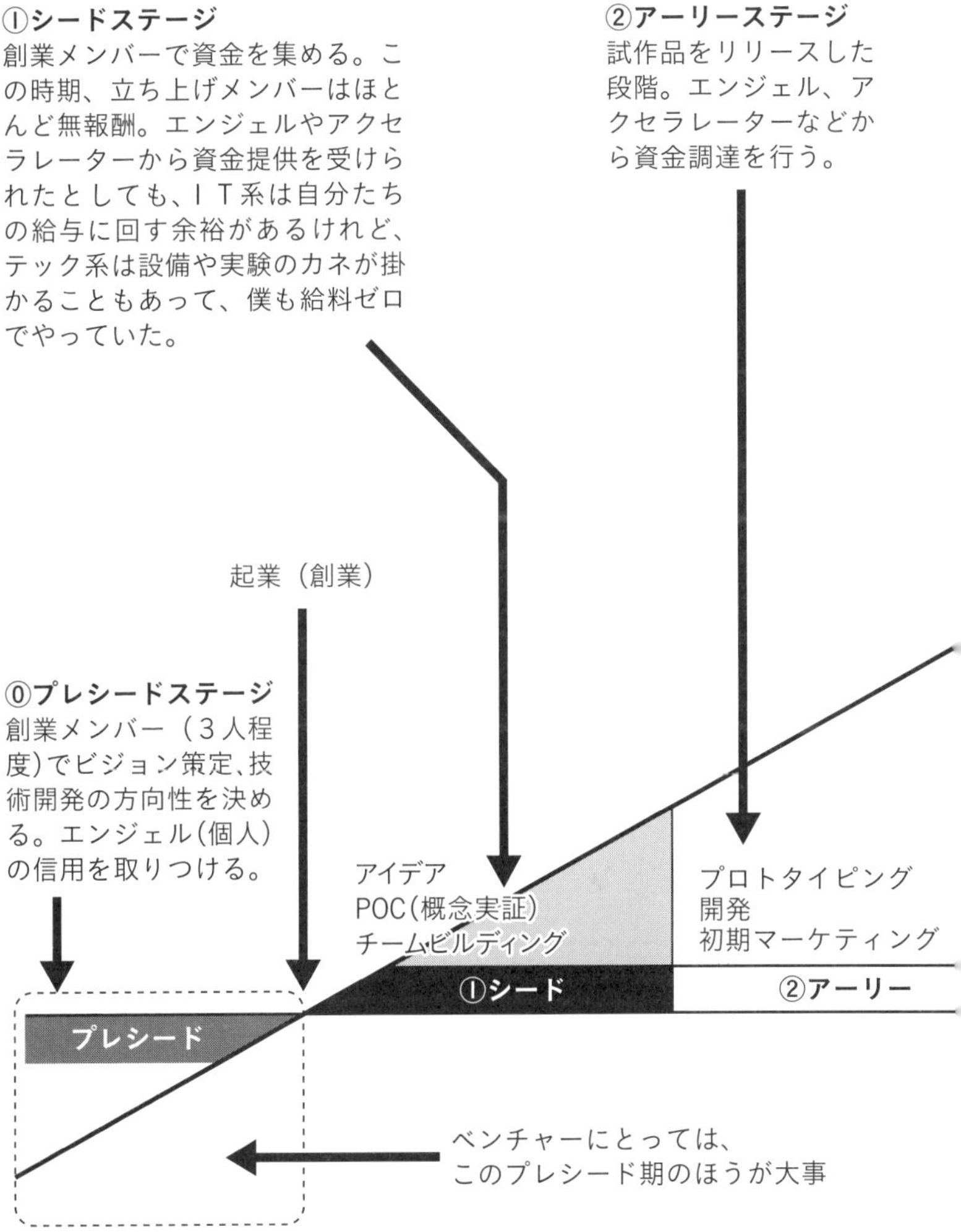

研究テーマを同時に走らせている。そうすると、たまたまであっても、「数撃ちゃ当たる」で、どれかが当たるのだ。これがラボ運営だ。

ところがそこへ、大手のベンチャー・キャピタルがやってきて、「ラボ運営とベンチャービジネスとは違いますよ」と横やりを入れてくる。

でも、僕から見ればキャピタルのアドバイスこそ、まったくの間違いだ。僕は、「ラボ運営とベンチャー運営とは一点を除き、他は変わりませんよ」と教えている。何が違うのか。

丸「ただ、ビジョンが違うだけなんですよ。大学のラボ運営は、極端にいえば先生の『好奇心の追求』ですよね。でも、ベンチャーは『社会への実装の追求』なんですよ。だからラボ運営とベンチャー運営は同じですが、ビジョンだけが違う。わかりますよね。だから、ラボでやること、ベンチャーでやることの二つに分けて書いてみてください」

すると、先生は、次のようにスラスラと書き分けてしまう。

大学のラボ……この研究は好奇心だ。オレが知りたいから
ベンチャー……この研究は社会への実装だ。お客さま、人類を前に進めたいから

丸　「先生、それじゃあ、後者はリバネスが引き受けましょう。前者は先生の好奇心ですからラボでお願いします」

教授「なるほどね。ベンチャー企業というのは、ある意味、ラボ運営の考え方をそのまま使えるんだね」

ということになる。両者の違いを教えると、すぐに理解してもらえる。すると、自然に大学発ベンチャーをやりたくなる。

ところが、変なキャピタルから「ベンチャーとラボ運営とはまったく違うから、こっちのいう通りにしろ」といわれ、それに従った大学発のベンチャーは失敗していくのだ。

大学にはタネがたくさんある

このように、大学発ベンチャーが喧伝《けんでん》される割には、少しもうまくいっていない。「大学の先生は経営がわかってないからダメなんだ」という人がいるけれど、経営などできなくてもいい。大学の先生はラボ運営と同じことをすればいいのだから。

本来、大学の先生は成功するタネをたくさんもっている。それなのに、ベンチャー・キャピタルに間違ったアドバイスをされ、研究のタネを一つしか出せない。

その結果、どうなったか。じつは、残った果実はみんなリバネスがもらっている。なぜなら、「キャピタルからは『一つしかダメだ』といわれて、ちっともやらせてくれない。だから残ったものは、みんなリバネスさんにあげるよ」と棚ぼた式でくれるのだ。

リバネスにとってはありがたい話だけれど、日本全体としては実にもったいない。僕らはたった60人の会社だから、知らない間に埋もれていくタネはいっぱいあるはずなのだ。

3 事業計画書は「A4一枚」にまとめる

まず、300万円を用意できるか？

ベンチャーをはじめる段階で、僕は自前で300万円〜500万円を用意してもらいたい、と思っている。遺伝子解析でも、ロボット開発でも、300万円というのが、僕が求める一つの目安だ。

「え？　ロボット開発で300万円〜500万円？　全然、足りないだろ？」と思うかもしれない。その通り、まるで足りない。何かの商売の開店資金としても、不十分だろう。

この300万円という金額は、正規の事業用資金ではない。仲間と酒を飲みかわす、いわば契り金だ。『三国志演義』なら、劉備、関羽、張飛の3人による桃園の誓いの酒代に使うものだ。

僕は300万円の資本金すら用意できない人間は信用しない。まず、300万円を自前で用意するか、エンジェルの信用を取りつけて何とか用意してこい、といっている。昔あった有限会社法という法律では、最低でも300万円なければ小さな会社もつくれなかった。いまは1円でも株式会社をつくれるけれども、そんな意気込みのない会社をサポートする気などさらさらない。24歳の学生だった僕でさえ、360万円の資本金を工面し、なんとか有限会社としてリバネスをスタートした。

リスクが高いと思っているから、自腹を切ってまで自分の会社に300万円を出そうとしないのだ。ただ、本人がリスクから逃げていたら、誰だって知恵もお金も出したくないのは当然だろう。

まず、**自腹で300万円、あるいはあなたの信用だけで300万円を用意する。事業資金ではなく、あなたの決意を諮るものとして用意してほしい。**

事業のサマリーを「文章」で書く！

300万円のお金はすぐに消えてしまうので、ベンチャーの社長が最初にやる仕事は、資金調達だ。そこで必要となるのが「事業計画書」だが、ベンチャーをはじめた人はここで最初のミスを犯してしまう。

まず第一に、**事業計画書は自分自身で書かないとダメ**、という点だ。この書類でお金をもらえるか否かが決まるのだから、そんな大事なものを他の人に託すわけにはいかない。これをキモに命じておきたい。

第二に、**最初の「エグゼクティブ・サマリー」に全力を注げ**、という点だ。事業計画書には十項目ほどあるが（次ページ参照、ケースによって項目内容は異なる）、資金提供者の多くは最初の「エグゼクティブ・サマリー」しか読まない。だから、ここに全力を集中する。

「エグゼクティブ・サマリー」の意味は「事業の主旨の要約」ということだから、A４用紙一枚に文章で書き込むのが鉄則。資金提供者はあなた自身の事業に対する思い、それを的確に表現するだけの書く力、事業への情熱を真剣勝負で見ているわけで、グラフなどは一切不要だ。それなのに、なぜかパワーポイントを使いたがり、挙句の果てにグラフを入れてくるベンチャーが多い。主旨の要約だから、絶対にパワーポイントを使ってはいけない。

サマリーにはこんなことを書く

といっても、どんなことを書けばいいのかわからないかもしれないので、僕が初めて書い

事業計画書の主な項目

（1）エグゼクティブ・サマリー（要約）
（2）基本理念と目的
（3）事業概要
（4）事業内容
（5）当事業の優位性と競合他社
（6）マーケット
（7）戦略
（8）教育部組織（これは通常は不要）
（9）リスクファクター

たエグゼクティブ・サマリーを掲載しておこう。このサマリーは、２００１年12月にリバネスを創業したときに僕が書いたものなので、本書執筆時から16年前のものだ。さすがに人に見せるのは恥ずかしいけれど、実際に提出して資金を獲得できたものを見たほうがわかりやすいだろう。

最初の「サマリー」では、次ページのようなことを書く。「何のために会社を起こし、その事業がこんな役に立つ、だからそのために資金が必要だ」というのが、エグゼクティブ・サマリーの主旨だ。

大学院生派遣による先端科学教育事業
〈環境生命科学塾〉

サマリー

世の中で新しい技術や物質が発見されるとき、常に地道な研究が根底にある。しかし、研究の重要性はあまり世間に認知されていない。特にバイオテクノロジー分野の研究に対しては、〝危険である〟というマイナスイメージが先行している感がある。そのため、研究開発された最新の科学技術が社会に還元されにくくなってきているのも現実である。この問題を引き起こしているのは、知識、認知度格差が、一般消費者と研究者との間で驚くべき速度で開いていっていることであろう。

では、この知識、認知度格差はどのようにして生まれたのか？　一つはもちろん、メディアの影響が考えられる。情報がいたるところから入るようになり、時には間違った情報までかんたんに、しかも大げさに入ってしまうこともある。

二つ目は、現在の学校の教育方針にも問題があるのではないかと考える。現在の小・中・高等学校の教育は受験戦争を勝ち抜くためだけのものであり、これだけの速度で技術が発達しているにもかかわらず、今までと変わらないのは問題であろう。また、生徒が研究職などの仕事の実際を知る機会はほとんど無く、何のための勉強なのか、目的の無いまま学習している傾向がある。

そして今、日本では理科離れの学生が増えていると懸念の声がひろがっている。このままでは、今後の科学技術競争に勝つことができないであろう。

このことから、科学技術にともなった新しい教育システムが必要である。

この教育システム〈環境生命科学塾〉は今までに無い革新的なものである。今まで技術だけを還元してきた大学（大学院生）が知識の還元を、小学校、中学校、高校、もっと大きくいえば、一般消費者に向けて行うというものである。学校の先生ではなく、実際に現場でバイオテクノロジーに触れている大学院生を使うことによって、説得力のある学習ができるのも、この事業の特色である。

この教育システムが日本のスタンダードになれば、知識、認知度格差が少なくなり、大学が今までやっていた技術の還元がしやすくなるであろう。また、世界の科学技術競争にも勝つだけの人材を育成することにもなろう。

4 話せる・書けるビジョンを用意しておく

ビジョンとゴール

次ページの図は僕がユーグレナでいちばん最初に示した「ビジョン・ゴールの策定」に使ったものだ。最初に「最終ゴール」のイメージを決めておいた。

どうなったら、「ユーグレナは成功したね」といえるのか。売上や利益の金額でもない、ミドリムシ飲料が認知されればいいというものでもない。「地球の環境と人の健康がちゃんと豊かになったら、それがユーグレナの最終ゴールだ!」とパッといえるようになるかどうか。

「人と地球を健康にする」ことが最終ゴールだとわかっていれば、「ミドリムシ飲料が知られただけでは成功したとはいえないし、バイオ燃料にも着手しないといけないし、環境汚染

ビジョンとしての「ゴール」を最初に策定しておく

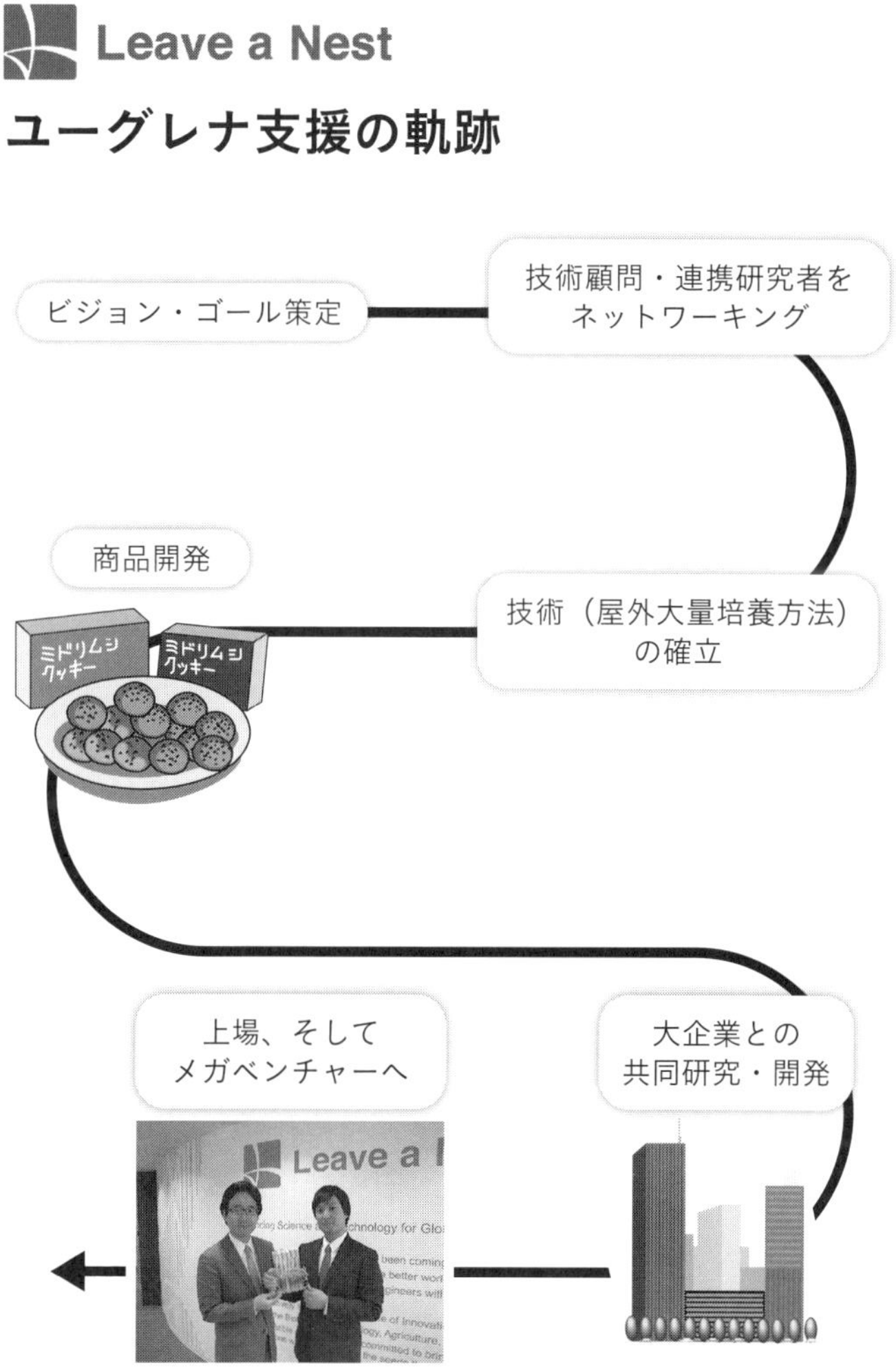

も解決したいよね」といろいろなことがイモヅル式に出てくる。それをビジョンとしてスタート時に語り合っておくのだ。

この徹底したビジョンの討議がないと、まったく動けない。なぜなら、これを決める前に専門家の先生と接触したところで、語れるものが何もないではないか。

文章は心を動かす力

A4一枚のサマリーを自分の文章でどれだけ書き切れるか。背景、目的、なぜそれをやりたいのか、それが実現したらどんな世界になるのか。ここは最も大切な部分なのに、多くのベンチャー経営者は軽視している。

もう一度だけいう。**A4サイズの用紙たった一枚で、「よし、資金を出しましょう」と決断してもらうのだ。**感動して泣き出し、「ぜひ、お金を出させてください」といってくれたお金持ちのおじいちゃんもいた。実際、僕は前出の一枚で、学生時代に360万円を集めたのだ。

文章は人の心を動かす力をもっている。グラフは説明には使えても、人を感動させるだけの力はない。

僕自身はリバネスというベンチャーの経営者であると同時に、ベンチャーを資金面で支援するアクセラレーター（リバネス）でもあり、もっと大きな金額で支援するベンチャー・キャピタル（リアルテックファンド）の共同代表でもある。A4一枚の文章さえまともに書けない人に、大事な資金を援助することなどあり得ない。サマリー以外は外注すればいい。[*18]

「話せる↓書ける↓つなげる↓創る」がすべて

事業計画が書けるかどうかは、ベンチャー経営者が「事業を熱く語れるか」にもつながる。**「話せる、書ける」は経営者の本質で、それがあるからこそ、その思いを他の人に「つなげる」ことができ、社員に、キャピタルに、お客様につながっていく。これができると、初めて「つくる」というプロセスにたどりつく。**

「話せる（ビジョン）↓書ける（サマリー）↓つなげる（人）↓創る」

*18 **サマリー以外は外注する**
事業計画書の「サマリー」は自分自身の言葉でしっかりと書くが、それ以外の項目はプロに外注している。マーケティング調査まで自分でやろうとするから、事業計画書と聞くと、ベンチャー経営者はパニックに陥る。それこそ、口頭で話をして、プロの方にマーケティングもお願いし、グラフも書いてもらう。それを銀行やキャピタルに提出すればよい。本人が事業計画書に傾注するのは、最初の一枚だけでいい。

と来たとき、あなたはプレシードの製品を「つくる」プロセスにたどりつけるのだ。

ベンチャーがものを「つくる」前に、「話せる」「書ける」「つなげる」という三つでチームビルディングをせずに、いきなり会社をつくってしまってはアウトだ。準備不足で走り出すようなものだからだ。

ただ、ごくまれに、アメリエフの例（第2章4参照）のように起業してから相談に来ても、間に合うこともある。それは、「話せる」「書ける」ことが条件なので、アメリエフの山口社長には非常に厳しく、「ちゃんと文章で書けるようにしてください。あなたは一体何がやりたいんですか？　ペラペラと言葉で喋るんじゃなく、A4用紙一枚の文章に書いて見せてください」と叱咤し続けた。ホームページも全部改訂してもらった。それに耐え、話す力、書く力を身につけた山口社長には敬意を表している。

じつは、この四つのプロセスこそ、われわれリバネスが社内で人材を育成するときのトレーニングプログラムとして実施していることでもあるのだ。

5 エンジェルという個人投資家をつかまえる

エンジェルは個人的な信頼関係の「援助者」

ベンチャー、とくにモノづくり系ベンチャーの開発資金は巨額になるので、どうしても自己資金だけではまかなえず、エンジェルやアクセラレーターだけでなく、銀行、キャピタルなどを頼ることになる。日本ではその傾向が強い。

ベンチャーを支援してくれるものとして、どういった機関があるのか、それぞれの性格などをざっと知っておこう。

この章の「事業計画書」のところで、僕は「まず、300万円を自前で用意するか、エンジェルの信用を取りつけて何とか用意しろ」と書いた。ここでいうエンジェルとは、あなたを信用して資金をくれる「資金的な援助者」という面もあるけれど、むしろ「自分を個人的に手伝ってくれる人」、あるいは「私設応援団」と位置づけたほうがいい。顧問やアドバイザーという感覚だ。個人的な信頼関係で貸しているに過ぎない。

エンジェルからは大きな額はいらない。だいたい200万円も出資してもらえば、最初に用意した300万円と合わせて資本金が500万円になる。社長のシェアが少し薄まる程度でいい。

エンジェルからは現金でもらうのが鉄則だ。ときどき、「タダで手伝ってあげるから、株を分けてくれ」という人も存在するが、こういう人はエンジェルに見えて、デビルだから気をつけたい。

アドバイザーという私設応援団を大事にせよ

僕もいろいろなベンチャーに対して、エンジェル活動をしている。1500万円ほどをポンと個人で貸していたりするけれど（リバネスとは関係なく）、当然返ってこない可能性は十分にある。

でも、それはエンジェル、つまり個人的な支援者として考えているから、「戻ってこなくても仕方ないや」と貸した段階で半分諦めている。それがエンジェルだ。

その後、会社がスタートしたら、エンジェルは顧問に入ることが多い。ベンチャーには最低でも3人の取締役がいて、そこに顧問（アドバイザー）という形で追加して入る。アドバイザーがいないということは、その会社への私設応援団が存在しないようなものだから、僕はそのようなベンチャーは信じない。

知られざるベンチャーの評価軸

僕自身、エンジェル業もやっているのであえていうが、**アドバイザーや顧問が多いほど（顔ぶれにもよるが）、信じてよいベンチャーだ**と思っている。

日本のベンチャー経営者の場合、意外なほど応援団を煙たがる傾向がある。しかし、シリコンバレーの投資家は、ベンチャーの応援団の顔ぶれを見て、投資を決めることが多い。その事情は知っておいて損はない。彼らはベンチャーの応援団（アドバイザー）の顔ぶれを確認し、裏からその応援団に連絡をして、事の真偽を確かめる。

投資家「あんた、A社の応援団になっているようだけど、彼らの実力はホンモノなのか？」

顧問「かなり、おもしろいと思っているよ」

投資家「そうなのか。あんたがちゃんとサポートする予定はあるの？」

顧問　「もちろんさ。金もずいぶん渡してしまったからなぁ」
投資家「そうなんだぁ。OK！　あんたがメンバーに入っているなら信用できるな」
こんなやり取りが彼らの間で交わされている。顧問やアドバイザーという名前の私設応援団は、あなたのベンチャーの評価軸となっていることを忘れないでほしい。

6 クラウドファンディングとアクセラレーター

ふつうの個人による支援

エンジェルはお金持ちの個人投資家だが、「クラウドファンディング」[*19]という「ふつうの個人」でも支援できる制度がある。これを通じて、ベンチャーが一定の支援金を得ることが増えているのはご存知だろう（大きな流れとしてはクラウドファンディングの前に公的補助金をもらうことが多い）。

台風発電のチャレナジーの場合も、2016年に沖縄県南城市で実証実験を実施したが、現地でのテスト機の設置、基礎工事にかかる費用など1500万円のうち、その一部である200万円をクラウドファンディングでまかなうことにした。

ファンディング投資者に対しては、その支援金額に応じて、落成式への招待券（4万円の支援者を対象)、報告会への招待券とオリジナルポロシャツの提供(同1万円)などによって、目標の倍の400万円を集めることができた。資金を提供した人も、少額でお気に入りのベンチャーの応援メンバーとして参加できるメリットがある(名前も残る)。

「人材ともつながる」クラウドファンディング

クラウドファンディングの利点は、単に資金調達、応援グループの募集というだけではない。じつは、意欲ある人材を全国から呼び集める方法にもつながる。

「ふうん、チャレナジーって、東日本大震災での原発事故を契機に発足したのね。マグナス発電という羽根(プロペラ)のない発電機を開発して、ふだんはもちろんのこと、台風のエネルギーさえも電力に変える? 離島でも設置できる? 私も少額を寄付するだけでなく、この会社に飛び込んでみたいわ」

と興味をもった人が、社員として参加してくる可能性がある。これが大きい。

このクラウドファンディングは、「話せる→書ける→つなげる→創る」の中の「つなげる」というプロセスにあたる。というのも、チャレナジーがどういうビジョンをもって、どういう方向性で、どういう物語をもっているかを「熱」をもって話すことができ、書くことができないと、クラウドファンディングは成功しないからだ。

チャレナジーの清水社長らは、その前に多数のエンジェルと話し合いを重ねていて、すでに「サマリー」（趣意書）をもっていた。だから、クラウドファンディングで文章を書いたときにも多くの人の心を動かし、「いいね。仲間になるよ」という応援団をつくり、自分たちの研究を進めることができたのだ。

シードラウンドでアクセラレーターを投入

ベンチャーの場合、エンジェル、クラウドファンディングなどで少額資金を集めてくる方法もあるが、他にもアクセラレーターという小口融資からも資金を受け取ることもある。アクセラレーターとは、モノをつくるために必要となる小口資金の提供者のこと（量産段階ではない）。ベンチャーの事業を「加速させる」という意味が込められている。リバネスもアクセラレーターであるが、さらに機能特化したグローカリンク社というアクセラレーターを

*19　**クラウドファンディング**
インターネットを通じて不特定多数の人から集める資金調達方法のこと。市民の文化活動（たとえば市民で芝居を興行をするための寄付を要請するなど）、アーティスト支援、ベンチャーへの支援提供・出資などがあり、寄付型、株式型、ファンド型などに分類される。

子会社として用意している。

アクセラレーターとして、シリコンバレーで有名なのが500 Startups（ファイブハンドレッド・スタートアップス）だ。一口で500万円ぐらいを投資する。シードラウンドと呼ばれる、ベンチャーを設立したばかりのいちばんリスクの高い時期に資金を投入してくれるため、アクセラレーターのことを「エンジェル出資」ということもある。

前項でも「エンジェル」が登場したが、それはあくまでも個人のレベルだ。イメージとしては、個人エンジェルの場合はまだベンチャーも立ち上げていないような時期（プレシード期）で、契約書もない、担保もない、何もない。仕事としてやっているというよりも、

「この男（女）、気に入った。よし助けてやろう」

という飲み会のノリでポンと一定の金を貸す人だ。一般に「エンジェル」としかいわなければ、このような個人エンジェルを指す。貸したお金は戻ってこないかもしれないから個人エンジェルは仕事というよりも、ほとんど趣味の世界だ。投資ではなく、投機の世界。なかには「投機でもなく、投棄の世界」と呼ぶ人までいる。

これに対し、アクセラレーターのエンジェル出資のほうは個人エンジェルとは違う。あくまでも事業として投資をしているので、当然、契約書もつくる。個人エンジェルには「ごめん」ができても、アクセラレーター（エンジェル出資）には、ごめんはできない。

7 国からの資金援助をしっかり受けよう!

国の資金援助はＮＥＤＯ、ＪＳＴ

モノづくりベンチャーの場合、民間資金だけでなく、国からの資金援助、たとえばＮＥＤＯ（新エネルギー・産業技術総合開発機構）のＳＵＩ[*20]という援助を受け取ることもできる。これはベンチャーを起業したりするときに使える資金だ。ＳＵＩ以外にもＮＥＤＯにはさまざまな援助があるが、ＳＴＳ[*20]という援助もある。国にはさまざまな研究費補助金がある。これらの資金も民間資金とあわせて活用したい。

国からの援助は、大きくいうと経済産業省系の管轄（ＮＥＤＯ）と文部科学省系の管轄（ＪＳＴ：科学技術振興機構）があって、主に競争的資金の形（たとえば文部科学省の系列機関から交付される科研費＝科学研究費助成事業など）で会社の設立前、設立後の支援をしている。共同出資型というものもある。
そして先ほど説明したクラウドファンディングが終わった頃には研究がどんどん加速しているし、その縁でつながった社員が1人、2人と増えてくることもある。当然、NEDOも含め、この時点で資金もかなり集まっている。

*20 **SUIとSTS、グラント**
SUIとはNEDOが行なう起業家候補(SUI:スタートアップイノベーター)への支援事業のこと、STSとはシード期の研究開発型ベンチャー(STS)に行なう事業化支援のこと。なお、グラントという言葉もあるが、これは科学研究などを支援する目的で個人や会社、大学などに経済産業省や文部科学省の系列機関から交付される一定の補助金のこと。科研費(科学研究費助成事業)など競争的資金。

8 ラウンドごとの資金の目安

シード出資からIPOまでに10億円弱

以上、さまざまな時期における資金援助のしくみについて述べてきたが、実際、各ラウンドではどのくらいの資金があればよいのか、その目安を示しておこう。

プレシード期の段階ではまだ会社もつくっていないことが多い。ビジョンを検討しているぐらいなので、この期間はあまりコストはかからない。エンジェル（個人）に出資してもらう場合は、目安として、300万円もあればいい。まだエンジェルラウンドと呼ばれている段階だ。

エンジェルラウンドの次に、いくつかの時期がある。モノづくり系でどの程度の資金が必要になるか、ざっとまとめておこう。

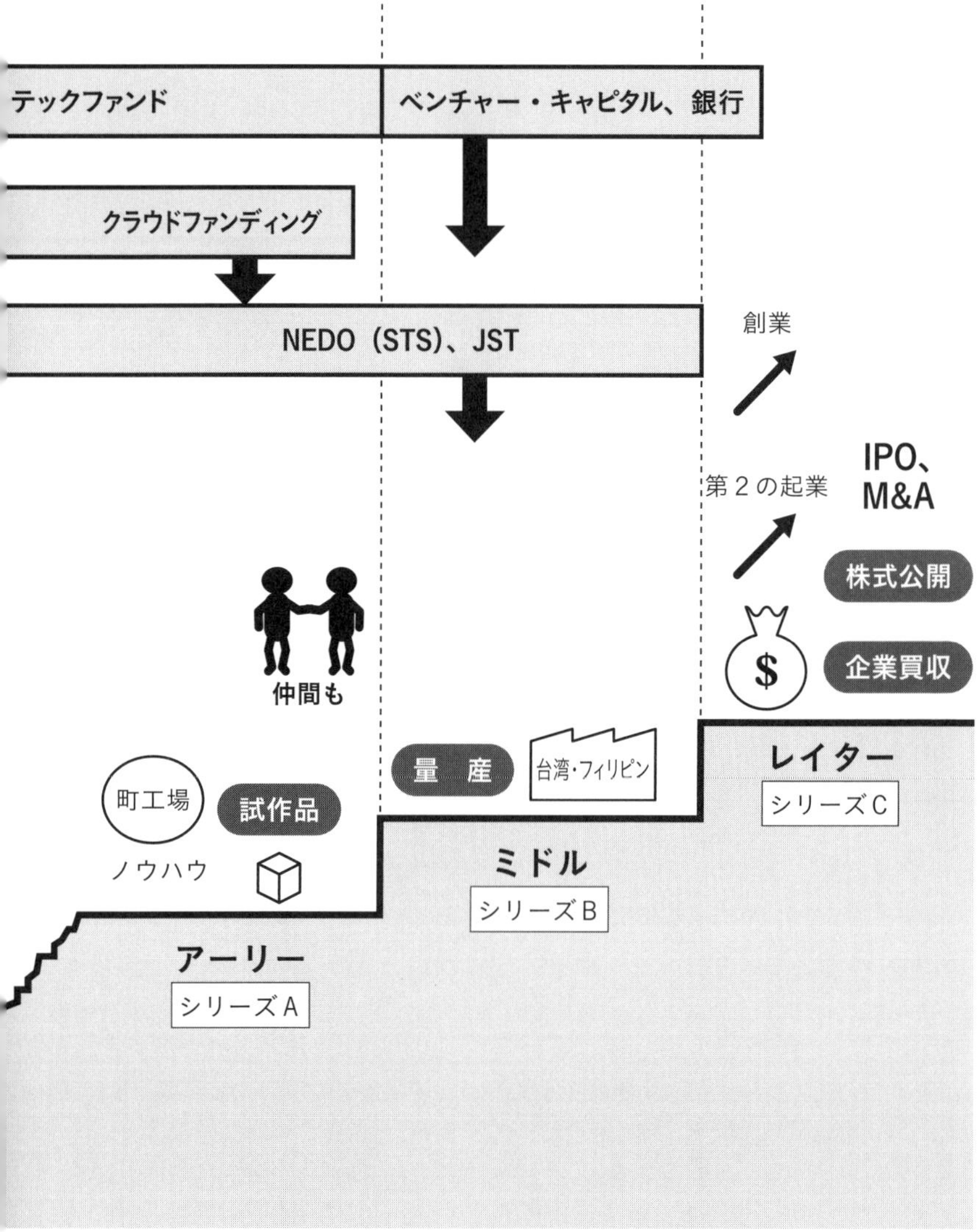
テックファンド
ベンチャー・キャピタル、銀行
クラウドファンディング
NEDO（STS）、JST
創業
第２の起業
IPO、
M&A
株式公開
企業買収
$
仲間も
量　産
台湾・フィリピン
町工場
ノウハウ
試作品
レイター
シリーズC
ミドル
シリーズB
アーリー
シリーズA

ステージの進展と支援の関係

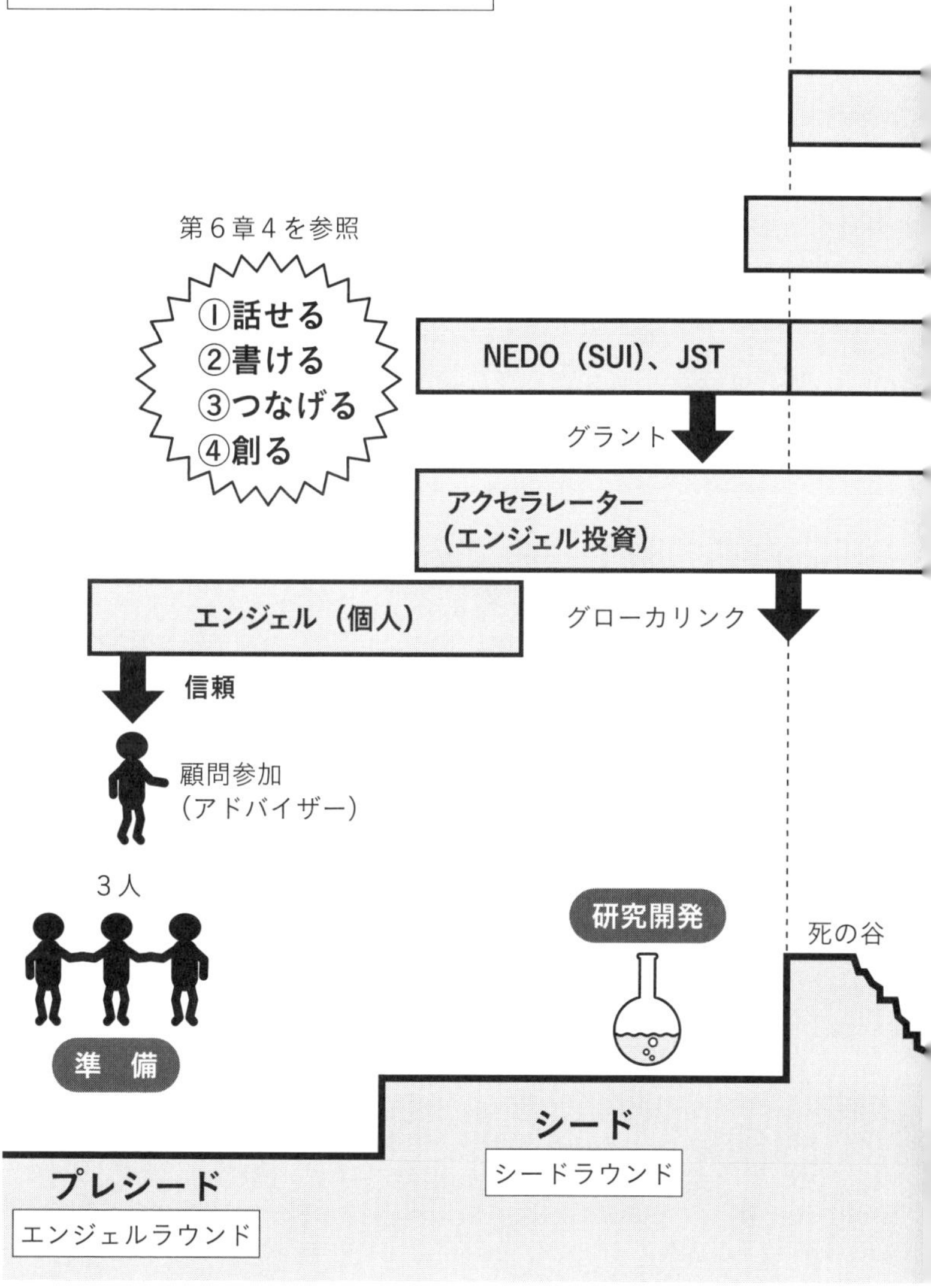

エンジェルラウンド……………300万円～1000万円
シードラウンド……………2000万円～9000万円
シリーズA（Aラウンド）……1億円～2億円
シリーズB（Bラウンド）……3億円～5億円
シリーズC（Cラウンド）……5億円以上

このあと、IPO（株式市場への新規上場）をめざすことになる（シリーズCと呼ぶこともある）。そうすると、IPO直前のシリーズBまでには、およそ5億円～10億円弱を集めることになる。ただ、IT系ベンチャーの場合はもっと少なくていい。

「こんなに多くのお金をどうやって調達できるのか」と心配になるかもしれない。それは「研究マイルストーン」ごとに実績を積み重ねていくことにより、資金を調達していくことになる。

9 乗っ取られないために株は50%以上必要か？

持株比率は気にするな

創業して他から出資を仰ぎはじめると、本人の持株比率が薄まってくる。そうなると、「せっかくつくった会社を他人に乗っ取られるのではないか」と不安になるベンチャー経営者がいる。そういう人は株の過半数を所有していないと心配らしい。そのせいか、「丸さんなんて、リバネスの株の9割をもっているんでしょ？」といわれたりするが、とんでもない。25％しかもっていないし、それで十分だ。極論すると、1％であっても、僕はリバネスの社長やCEOであり続けられる。

なぜだろうか。かんたんだ。モノづくり系ベンチャーの場合、その創業者がコア技術をもっているので、その創業者がいなくなったら、会社の株価も価値も大幅に下がってしまう。だから、株の持分比率で社長は決まらないし、経営権も奪われない。

これに対して、IT系ベンチャーの場合には誰でも経営が可能だ。だから、創業者に取って代わろうとする野心家に経営的なアイデアやセンスがあれば、株の過半数を取られた段階で、「キミは今日で社長を辞めてね」といわれてしまう。こうしてIT系では創業社長が追い出される。その意味では、IT系ベンチャーの場合、たしかに株の比率は重要だ。

しかし、ユーグレナの社長の席を誰が出雲から奪おうとするだろうか。キャピタルが多数入ってくれば、一時的に本人の持株比率が大きく下がることはあるだろうが、それでも出雲社長の座は盤石だ。現在、ユーグレナが大きく成長できたのは、結局、彼にしかユーグレナを自在に運転できなかったからだ。

だから、あなたも**自分に自信があるなら、株式のシェアに一喜一憂する必要なんてない**。そんなことよりも、事業を進めることのほうが重要なのだ。

資産価値に目を配り過ぎない

もう一つ、最近は会社の資産価値を気にし過ぎる傾向がある。とくにこれはIT系ベンチャーの流行りになっていて、「会社の資産価値は大きいほうがいい」と思い込んでいるようだ。

しかし、売上がゼロで、資産価値が10億円というケースだと、詐欺のようなものだ。そこを社長が勘違いして「ウチの資産価値は10億円だ」と言いはじめると、みんなサポートから手を引きはじめる。つまらないことに目が行きはじめたからだ。

そんなときは、逆の対応をしたらどうだろうか。「ウチの資産価値? そんなものはゼロみたいなもんです」といっておけば、相手のほうが「とんでもない、30億円ぐらいの価値がありますよ」といってくれるかもしれない。

ベンチャーは会社の資産価値などにアタマを悩ませないことだ。

10 集めたお金は使わなければ意味がない

経営とは「経理＋営業」のこと

経営者は資金集めに奔走することになるが、僕が思う「経営」について述べておきたい。ベンチャー経営者の中には「経営が苦手」どころか、まったく何も理解していない人がたくさんいる。経営には、理系・文系の違いなどない。経営を理解できない限り、ベンチャーを運転することなどできない。

「経営」という文字を、僕は「経理」と「営業」という二つに分解して考えている。そうすると、経営とは「経理ができて、営業ができること」と解釈でき、少しもむずかしくないだろう。

ベンチャーの経営者に、「経理は何のためにあるんですか？」と聞くと、「税務署に申告するためです」と答える人がいる。とんでもない間違いだ。

CEOやCOOなどの経営者にとっての経理の役目とは、「使えるお金をいち早く理解し、さらに営業活動に投資するため」にある。だから、リバネスではCOOに「いま、いくら使えそう？　500万円？　よし、それを営業に使いたいから、いけるね？」といって使う。

これで営業で仕事が取れれば、今度はその数字があがってくるので、使える金額も見えてくる。「よし、そのお金、今度はここに使おうぜ」ということで研究開発など別のところに投資をかける。これが経営だ。

そもそも経理というのは、決算のためだけにあるものでもないし、株主のためだけにあるのでもない。経営者のための内側のリソースだ。だから、経営者は「あと1億円までなら使えます」という状況をいち早く理解できるようにする。そのために社内にCOOが存在しているのだし、経理の存在意義がある。

そして**営業とは、経理から「使っていいよ」といわれたお金を効果的に、効率的に使って、世の中にインパクトを与える仕事のことをいう。**

経営者は、この「経理・営業」の二つの意味を理解してお金を使えばいいのだ。

リバネスの会社形態

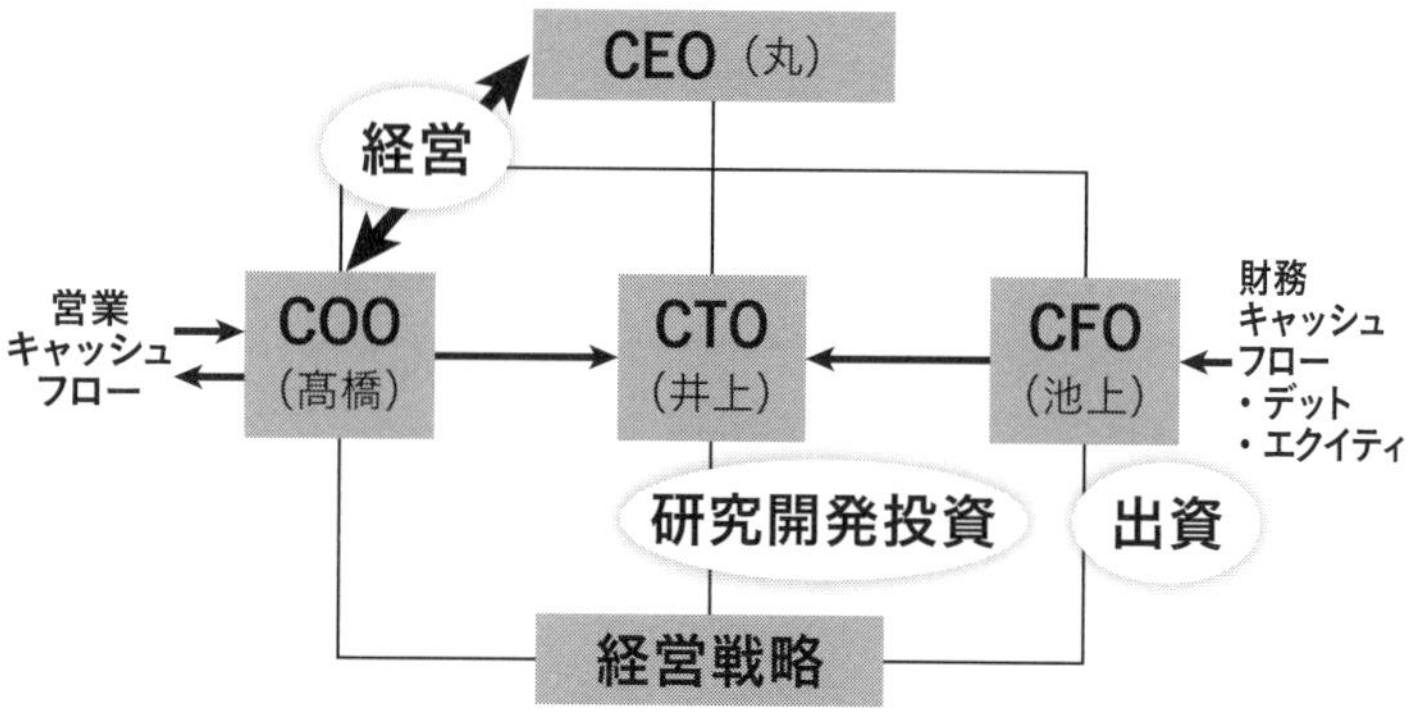

世の中を変えるためにお金を使え

その意味で、お金が余っている会社の経営者は、僕は無能だと思っている。だから、僕は「なんでうちは1億円もお金を余らせているんだ。なんでもっと有効に使わないんだ。金をうまく使えない経営者なんか、経営者じゃないだろ！」とCOOを鼓舞したくなる。

余剰資金ばかり出して配当に回すだけなら、そのお金は死んでいる。必要なところにガンガンとお金をぶち込むのが経営だ。それは、世の中をこう変えたいというビジョンがあってこそ、できることだ。

もちろん、「経理＋営業」の両輪を理解するのが経営者の仕事だからといって、経営者が簿記を勉強する必要はない。僕だって、簿記3級さえもっていないけれど、いま使える金額を経理が教えてくれれば、必要なところに自信をもってお金を回す判断ができる。

ビジョンがあって、パッションがあって、お金を必要なところにいくら使えるか、それによって自分たちのめざす世界にどこまで近づけるのか——それを考えるのが経営者なのだ。

第7章

シリコンバレーで本物を知る

1 シリコンバレーとはどんなところか?

「このままじゃもたない」の危機意識から生まれた町

シリコンバレーはすごく天気の良いところだ。行くたびに気分がオープンになる。多くの人はシリコンバレーに対し、「新しい」というイメージをもっているかもしれない。だが、これは大きな勘違いだ。かつては果樹園だけが広がる農園だった。そこに、セントラルパシフィック鉄道(大陸横断鉄道)の創立者だったリーランド・スタンフォードが、「息子が死んだので、これまで鉄道事業などで儲けたお金で大学をつくりたい」と考えたところから、シリコンバレーの歴史がはじまっている。そのとき設立されたのが、あのスタンフォード大学である。

そこに、ガレージ企業として有名になったヒューレットパッカード(HP)、インテルなどがシリコンバレーに入居してきた。名前からもわかるように、最初はシリコン半導体産業がシリコンバレー発祥のおおもとだった。

80年代〜90年代にかけてバイオビジネスなどが登場してくると、彼らは半導体産業も長くは続かない、と感じはじめる。「このままでは危ない、シリコン産業は終わるぞ」と感じたIBM、インテル、HPなどの半導体関連企業は次の産業を探すためにベンチャーを誘致して育て、自分たちもその中で生きていこうとした。そして、**「世界最初のエコシステム」**をこの地につくったのだ。結局、ペイパル、イーベイなどIT系のベンチャーが続々と生まれてきた背景には「モノづくり産業」があったということだ。特色は、大企業が主導したシステム（コミュニティー）ではなかった、という点である。これがシリコンバレーでいちばん特筆すべきところだ。

シリコンバレーには全米のほぼ半分の投資マネーが集まっている、といわれる。大企業がベンチャー企業に投資をし、IPO（新規株式公開）ではなく、M&A（企業買収）をしていく。買収されたベンチャーの創業者は新興の大金持ちになり、財閥ができるほどの資金を手にする。彼らは「エンジェル投資家」になり、後輩のベンチャー企業に投資をはじめる。自分たちがベンチャー経営をしてきた経験もあるから、目利きもできる。

この繰り返しで次々とお金持ちが誕生し、ベンチャー企業にどんどん資金が回り、シリコンバレーでお金が動いていく。これがエコサイクルだ。つまり、シリコンバレーでエコサイクルができ、億万長者を多数生んできたのは、大企業の投資からはじまったことだったのだ。

日本でシリコンバレーが生まれない理由

では、シリコンバレーの例と比べて、日本はどうだろうか。

日本の大企業は海外の企業に対してはM&Aを仕掛けるので、世界中にお金をばらまいて億万長者をこしらえてきたけれど、国内企業に対してはほとんどM&Aをしてこなかった。その資金を国内でもっと使ってM&Aをしていれば、シリコンバレーのような正のサイクルも期待できただろう。

リバネスでも大企業にコンソーシアムをつくり、ベンチャー育成に取り組んでほしいとお願いしている。そうすればシリコンバレーのように億万長者が誕生し、彼らが日本のベンチャーに投資をする……この繰り返しで日本にもエコサイクルができる、と。

でも、お金持ちになった日本人はシンガポールへ逃げてしまう。なぜなら、日本では成功して億万長者になると、尊敬されるどころか「あいつは金持ちだ」といじめられ、しかも税金で利益の半分をもっていかれるからだ。

シリコンバレーでは、すべてが逆だ。成功してM&Aされたら、「成功者」としてみんなから祝福されるという正のサイクルが回っている。シリコンバレーには人の足を引っ張らないカルチャーがある。

日本企業にはまだお金がある。能力のあるベンチャー企業もある。だから、シリコンバレーのようなエコサイクルをつくるのは、本当はかんたんにできるはずだ。とにかく、日本の大企業が国内のベンチャーを積極的に育成し、M&Aをしていくことだ。そうすれば、ベンチャーの創業者はまとまった資金を手にする。そして、成功した人たちを称え、称えられた成功者は次に自国の後輩にお金を回す——この文化を継承する。そのエコシステムの文化がシリコンバレーでは永続的につながっているのだ。

2 シリコンバレーの風が変わってきた

投資規模拡大するフードテック

シリコンバレーの投資先として、現在人気を集めているものに、フードビジネスがある。スターバックスやブルーボトルコーヒーなどへの投資も大きいが、おもしろいのがフードテックやアグリテックと呼ばれている市場だ。

フードテックといっても最近、米国のベンチャーに2億ドルの資金が集まった植物工場のことだけではない。昆虫食ベンチャーにお金が集まっているのだ。日本にもハチの子やイナゴを食べる習慣があるし、タイではカブトムシを食べたりする。しかし、いま昆虫食が脚光を浴びているのは、これまでなじみの薄かった欧米で「昆虫食ベンチャー」の起業が活発になっているためだ。

なぜ、いま昆虫食なのか。それは人類が現在の70億人からいよいよ100億人に増えていったとき、人口爆発と食料問題が人類最大のリスクとなるからだ。昆虫を家畜として考えた場合、少ない飼料で生育可能で、将来の宇宙ステーションでの動物性タンパクとしても期待できる。加熱すれば雑菌の心配もない。乾燥体重の半分以上がタンパク質という昆虫もいる。昆虫食は非常に有望な解決策なのだ。

シリコンバレーの目が「モノづくり系」に向いてきた

シリコンバレーではＩＴ系への投資が一巡して、モノづくり系の分野にかなり舵を切りはじめている。世界最大のアクセラレーター企業である米国クリーンテックオープンが主催の「CLEANTECH WEEK 2017」に、日本からは台風発電のチャレナジーが参加し、ピッチコンテスト「Global Ideas Competition」のシード部門でWinnerを受賞した。

何を言いたいかというと、リバネスがつくってきたエコシステムが、いま世界で成功しつつあるということだ。マグナス発電のチャレナジーは世界一になった。そういう意味でも、「これからモノづくり系ベンチャーがシリコンバレーの中でも大きくなっていく」と僕は見ている。

問題は、モノづくり系の目利きがシリコンバレーにはいないことだ。ＩＴ系ベンチャーしか知らないのだから、無理はない。「アクセラレーター」はそもそもＩＴ用語だし、ＩＴ分野ではイケるかイケないかは、わずか18か月で判断がつく。

ただ、彼らも最近、方向を変えてきた。ＩＴ系はもう伸びない、モノづくり系が伸びると考えはじめてきたのだ。すると、これまでのプログラムを変えていかないとダメだと気づく。

モノづくりに特化したアクセラレーション・プログラムで世界に出ていっているのは、リバネス１社しか存在しないから、「丸さん、リバネスが手がけているテックプランターの仕組みや取り組みがおもしろいから、ぜひそれを教えてほしい」といわれている。そこでリバネスが主催して、２０１７年3月に超異分野学会（HIC：Hyper Interdisciplinary Conference）の国際大会を日本で開いた。そこにはシンギュラリティ・ユニバーシティ（シリコンバレーを拠点とする教育機関）やプラグアンドプレイなども参加している。

トータルコストで見れば、深圳より日本

おそらく、ＩＴ系のアクセラレーション・プログラムであれば、パソコン一つでつくれてしまう。ところが、モノづくり系のアクセラレーション・プログラムをつくろうとしても、

それができる場所は限られている。シリコンバレーの人はそこを間違えてしまい、一度は中国の深圳《しんせん》に行ってしまった。深圳は量産はできるけれど、コピー&ペーストの国だから、つくることはできない。「彼らはコピーをするだけだ」とシリコンバレーでもようやく理解された。

日本のベンチャーの人も、トータルコストで考えた場合、中国よりも日本のほうがはるかに安いということに気づいてほしい。日本の町工場のオヤジさんたちは製品化までの難題を一緒に考えて解決策を出してくれる、要求される仕様以上の高いクオリティーのものをつくってくれる、納期をきちんと守って納品してくれる――これが日本の町工場の仕事だ。

かたや中国の工場はアイデアは流出する危険性があるし、要求通りのモノをつくってくれ

*21 **アクセラレーション・プログラム**
大企業がベンチャー（スタートアップ企業）に対して、自社の新規事業への参加、協業あるいは出資目的で募集するもの。下請け目的ではない。

*22 **シンギュラリティ・ユニバーシティ**
シリコンバレーを拠点とする民間の教育機関。「大学」の名前がついているが、校舎・学位などはない。

*23 **プラグアンドプレイ（Plug and Play Tech Center）**
米国カリフォルニア州サニーベルにあり、500スタートアップ、Yコンビネーターと並ぶ世界3大インキュベーターの一つ。毎年、160社超のベンチャーに投資し、業種別のスタートアッププログラムを実行。

ない、納期は遅れることが多い、最終的な金額も高くなることがある。

トータルで考えてみれば、日本は中国よりもずっと安くつくれる。世界一優秀な製品を、世界一安価につくってくれる。シリコンバレーも、モノづくり系とＩＴ系の違いにようやく気づき、フィリピンのベンチャーも日本の町工場と連携しようとしている。日本のベンチャーは置かれている優位性に気づかないといけない。

3 シリコンバレーに売り込む

「人づて」でたどり着くのがベスト

ときどき、僕のところには「ベンチャーを起業したいので、シリコンバレーに行って現地を見たいんですが、どこに行けばいいですか？　シリコンバレーにはセンターみたいなものはないんですか？」と真顔で聞いてくる人がいる。「とりあえず、シリコンバレー体験をしておきたい」と考えている人たちだ。

しかし、シリコンバレーに行ったとしても、99％誰にも会えない。何も見られない。経験できない。そういう所望の場はあるのか？　ありません。

では、どうしたら必要なものを見ることができるのか。つまり必要な会社・人に会えたり、有効な議論ができたり、必要な研究を見ることができるのかといえば、それはかんたんだ。

これまでも何度もいってきたことだ。

自分のビジョンについて、熱をもって「話せる、書ける」ことができれば、興味をもった人たちが向こうから手を挙げてくれる。

一つの道は、**あなたの知り合い、先生、ビジネス仲間など、「人づて」でつながっていくことだ**。たとえば、遺伝子解析のベンチャーをつくろうと思っている、あるいはつくった。そのとき、あなたに「そのアイデア、おもしろいね。それって、シリコンバレーのAさんのところへ行って話してみたら?」というネットワークがあるかどうか。「人づて」のネットワークがあれば強い。

シリコンバレーで必ず聞かれる「二つの問い」

人づてが期待できなければ、あとは自分自身で売り込むことになる。ホームページ、あるいはフェイスブックをたどっていって、「会いたいんですけど……」と書き込むと、相手からの次の二つの質問が出される。それに答えられなければ、会ってはもらえない。

二つの質問とは何か。一つは、「目的は何か?」、もう一つは「当社(相手企業)のメリットは何か?」だ。

相手「あなたが当社に会いたいと思うのは自由です。当社のメリットは何でしょうか？」
丸　「あなたには、こんなメリットがあります」
相手「へぇ～、おもしろいですね。ぜひ、来てください」
僕はこの二つの質問に答える方法で、いつもシリコンバレーに乗り込んでいる。自分のビジョンについて「話せる、書ける」ようになっていれば、どんな相手にでも通用するし、誰にだって会える。

無名のベンチャーであっても、ビジョンがはっきりしていて、熱をもってそれを「話す、書く」ことができ、会う目的（資金がほしい、共同研究をしたい等）、相手にメリットがあれば、喜んで時間を取ってくれる。

シリコンバレーとはそういうところだ。間違っても「感動を受けに行く」などと、いわないでもらいたい。

4 シリコンバレーのNGワード

NGワード①「情熱があります」

僕がベンチャー経営者に「シリコンバレーでは絶対に口にするな」といっているNGワードがある。日本では安易に使われがちだが、海外、とくにシリコンバレーでは軽蔑されるので、絶対に口に出してはいけない。

「僕には情熱があります。だから、ぜひお会いしたいんです」

どこがNGなのか、すぐにわかるだろう。

「『情熱』？　そんなの当たり前でしょ。情熱のないベンチャー経営者なんて、いないけど、あんた、そんなものをウリにしているの？」

ということで、**「情熱」を前面に押し出した瞬間、下に見られてしまう。**残念なことに、日本には情熱を忘れてしまった経営者が9割以上もいるので、残り1割の情熱家には「希少価値」がある。そこで「情熱」を連発したくなる気持ちはわかるけれども、それは日本だけの話。「情熱」はシリコンバレーでの最低条件だから通じない。

僕は日本では「熱」という点ではひときわ目立っている。情熱があり過ぎて、「パッション、パッション」といっているから、周りの人にはうるさく映っているだろう。

でも、これは日本でしか通用しない。シリコンバレーの人間は、全員情熱がある。だから僕は逆に、アメリカでは冷静に、そして論理的に筋道を立てて話す。情熱がベースにあるのは共通項だから、わざわざその話はしなくていい。「オレはこうやって世界を変えたいんだなんて叫ぶ必要もない。それよりも、

相手「丸さん、あんたはこうやって、この部分を取りたいんだろ?」

丸「その通り。僕はこの部分をもらいたい。あんたはこっちをほしいだろうから、一緒にやろうよ。だから、これは別会社にして資金調達しない?」

と話がどんどん進む。

シリコンバレーは、「情熱」の上に「論理的」なビジネスができるところがいい。

ＮＧワード②「僕には若さがあるんです」

もう一つのＮＧワードは、「僕は若いんです」という若さを売りにすることだ。

年齢は一切関係ない。シリコンバレーでは60歳で起業する人もいれば、10代で起業する人もいる。日本でも60歳以上で起業する人が増えていることは述べたはずだ。

シリコンバレーでは、年齢も、国籍も、性別も、信条も、それらは何も関係ない。気にしていない。重要なのは、目的は何なのか。そして、お互いのメリットは何なのか。それがすべてだから、シリコンバレーの天候のように、実にカラッとしていて気持ちがいい。気持ちがいいからか、

「目的は何？　なるほど、その目的だったら僕でもいいけれど、この人のほうが適任かな」と親身になって教えてもくれる。友達もどんどんできる。ネットワークが広がる。

5 自分の技術レベルを確認する

シリコンバレー・ツアーは観光ではない

毎年11月初旬、リバネス主催で日本の大学院生やスタートアップしたばかりの起業家を12〜13名ほど引き連れ、シリコンバレーの友人に引き合わせている。夜はシリコンバレーの大企業の仲間も一緒にダウンタウンへ飲みに行く。行き先はその年によって変わるが、プラグアンドプレイ社、シンギュラリティ・ユニバーシティ、スタンフォード大学、UCバークレー[*23]の4か所には確実に行く。僕は渡航前に、彼らにプレゼンの場を設けて忠告している。

「情熱を押すな。自分の技術によって『どういう世界がつくれるか』を示せ。そして、『一緒に仕事をしないか』というプレゼンの仕方をしないと二度と相手にされないぞ」

実際、リバネスに事前説明に来日したプラグアンドプレイ社の担当者も、「パッション」

と書いていた日本の学生を見て、「（恥ずかしいから）消しなさい」とアドバイスをしていた。

リバネスのシリコンバレー・ツアーは遊びの観光ツアーではないし、ベンチャーピッチ[*24]で相手の時間をもらうのだから、ワンチャンスだ。その点、サイボーグ技術のベンチャーであるメルティンMMI（東京都渋谷区）のプレゼンはうまくいった例なので、ご紹介しておこう。

技術力を客観的に評価される機会

メルティンMMIは当初、IBM[*25]アルマデン研究所の人工知能チップ開発者との間で30分だけのプレゼン時間を予定していた。ところが、いざプレゼンがはじまると、その筋電技術の高さに人工知能チップ開発責任者が驚き、「お前も聞きに来い」と次々に技術者を呼び寄せた。このためIBMの研究者が急遽20人も集まり、プレゼンも2時間に延長された。こうして、メルティンMMIの筋電技術はシリコンバレーで大絶賛となった。英語が不得手でも、技術は見せればわかってもらえる。

シリコンバレーで自信を深めた彼らは、2016年、「サイボーグのオリンピック」と呼ばれる国際大会サイバスロン（スイスで開催）に参加し、8位入賞を果たした。メルティンMMIの技術者である粕谷昌宏CEOは当時、大学院を卒業して半年、関《せき》達也CTOは大学

メルティンMMIの筋電義手とサイバスロン競技

院生だったが、いきなり入賞できたのもシリコンバレーでの経験があったからだと思う。**シリコンバレーで何を学ぶか。それは自分の技術が本物かどうか、その世界評価を客観的に受けられること**。だからこそ、チャレナジーも世界一の評価（クリーンテックセクター最大のアクセラレーターであるクリーンテックオープン（NPO）主催の「CLEANTECH WEEK 2017」で受賞）を受けたし、メルティンMMIもIBMアルマデン研究所での評価を受けて自信につながったのだ。

*24　**ピッチ**
スタートアップしたばかりの起業家が投資家に対し、技術や製品を紹介する際のプレゼンテーション。通常のプレゼンは特定顧客に対してが多いが、ピッチは初めての相手や不特定多数の聴衆に対してなされる。このため細かなデータを見せるよりも、共感してもらう、シンプルさなどが求められる。

*25　IBM**アルマデン研究所**
カリフォルニア州サンノゼにあり、磁気ストレージ、GMR（Giant Magneto Resistive）ヘッドなど、多くの成果を生み出した。他のIBM研究所よりも幅広い研究ができるのが特徴。通常、中には入れない。

6 最先端の知識のありかを知る

なぜ、「出前実験教室」をアメリカから撤退したか

僕もシリコンバレーに行って自信を得た1人だ。学生時代にリバネスを起業し、最初の事業として考えた「出前実験教室」をアメリカでやってみようとシリコンバレーに渡った。

丸「僕は『出前実験教室』という形で子供たちに接し、世界の教育をこんなふうに変えていきたい。アメリカに市場があるかどうか、それを知りたくてやって来た」

相手「丸、グッドアイデアだ。しかし、アメリカに市場はない。ただ、『出前実験教室』というアイデアはすごくおもしろい。日本は教育がビジネスになる国なんだね。だったら、そのビジネスはアジアでは通用するかもしれないよ」

なぜ市場がないかというと、アメリカにはドネーション文化（寄付文化）が根づいていて、

教育事業に関しては大学がNPO法人をつくって寄付を募ってやっているから、ベンチャーがビジネスとして入り込む余地はない、ということだった。税制優遇もあって、お金持ちは教育機関にどんどん寄付をする。そんなNPOに対抗してビジネスをするのはむずかしい。こうしてアメリカでの「出前実験教室」ビジネスを早々に撤退した。

けれども、僕はここで大きな自信を得た。「そうか。目はアジアに向けよう」と考え直し、2010年にリバネス・シンガポールをつくり、教育事業はアジアで展開しようと思った。自信をもって進めることができたのは、シリコンバレーでの経験のおかげだ。

最先端の知識にアクセスする方法

シリコンバレーで得た「確信」がもう一つある。それは最先端の情報はネットには出ていない、という点だ。

昔、1人でシリコンバレーに行っていた頃、僕は「アカデミアにある知識は小学生でも受けられる時代が来ないといけない」と、リバネスのビジネスモデルをいろいろなところで話していた。すると、相手「丸、君のいう通りだ。『教育が世界を変える』という考えは間違っていない。ただ、アメリカは広いから『出前』は厳しい。じつは、インターネットを使った新しい教育システムがそろそろはじまるんだ。これはまだ、内緒の話だけど……」と、いまでいうムークス（MOOCs）[*26]のことを教えてくれた。まだ、ムークスがアメリカでも水面下で走っていた頃のことだ。当時、エバーノート日本法人の会長をしていた外村《ほかむら》仁さんにも、「リバネスもムークスを手がけたらどうか」と誘われたことがあったけれど、僕らはフェイス・トゥ・フェイスでやりたかったので、ムークス事業はやらなかった。

ここで言いたいのは、リバネスはムークスの考えを先行していたぞ、という自慢話ではない。「最先端の知識にアクセスする方法」への確信だ。

日本でムークスが話題になり出してビジネスマンが急に色めき立った頃、僕はその5年前にシリコンバレーでそのことを聞いていたことになる。これこそが、「最先端の知識にアクセスする方法」なのだ。

「シリコンバレーに行くと、ネットには出てない『最先端の知識』に直接、アクセスする

*26　ムークス（MOOCs：Massive Open Online Courses）
スタンフォード大学、MIT、プリンストン大学などの世界中の有名大学の講義を、世界中の誰もがインターネットを通じて無料で聴講できる教育システムのこと。2006年以降、カーンアカデミー、スタンフォードオンライン、edX、Udacityなどが続々と開講。反転授業は有料の場合もある。日本でもJMOOCが提供するgaccoがある。

ことができるんだ」ということの経験は、僕の中で大きな資産になった。

シリコンバレーで何を学んだか。それは**まだインターネットに出ていない知識、これから出てくるであろう知識に、人に直接会うことで、早く出会うことができる。**そのことを学んだ。これが大きい。

「現場に足を運ぶ」だけで最新知識が早く入る

大事な話なので、少し具体例をまじえて話しておきたい。

たとえば、僕はフェイスブックが発足した頃のオフィスにも入ったことがある。いまは気軽に入れてもらえないと思うけれども、当時はまだ上場前で、友人に誘ってもらってフェイスブックに入っていくと、オープンスペースで若者がジーンズ姿でガヤガヤと議論していた。勝手に入り込んで見ていたので、肌感覚でどんな会社かを感じ取ることができた。

その場で「リバネスの名前でアカウントを取ったら?」といわれてすぐに取得した。それがずっとあとになって、社内でちょっとした〝事件〟を生んだ。

あるとき、リバネスCIOの吉田丈治が僕のところにやって来て、「すみません、フェイスブックのアカウントを取ろうとしたら、すでにリバネスの名前が取られていました」と慌ている。冷静に考えれば、リバネスなんて社名、有名なものではないから取られるわけがない。じつは僕がフェイスブックに行ったときに取っていたことをすっかり忘れていたのだ。

ツイッターも同様で、リバネスのアカウントを僕が最初に取った。社内でも一、二を争うほどＩＴが苦手な人間だが、現場に行って、見て、感じているので、最初に最前線の「知識」を知る機会を得ていたわけだ。

ＩＴの苦手な僕が、ネットの最先端情報を熟知しているはずのＣＩＯよりも早く「最先端知識」にアクセスしている。それは、ネットに出る前に、現場に足を運んでいたからだ。

第 8 章

フィニッシュを考えてスタートしよう

1　四つの会社のフィニッシュに学ぶ

イーロン・マスクのビジョン

ベンチャーをつくった瞬間から、「この会社のフィニッシュをどうするか」を考えておくことは、その後の本人のビジョン達成のためにも重要だ。

たとえば、イーロン・マスクは次のように考えた。

「もっと人類の進化に貢献したい。貢献する分野は、クリーンエネルギー、宇宙だ。そのためには、いったいどれくらいのお金が必要なのだろうか」

そうすると、最も短期間に多く稼ぎ出す方法を考えないといけない。よし、まずはＩＴで儲けよう。１９９５年、マスクは24歳の若さでZip2を設立し、28歳でコンパックに売却。すぐにX.comを設立してオンライン決済サービスを行ない、これが後のペイパルとなって、これも32歳で売却。さらに2002年には宇宙輸送を可能にするスペースXを設立し、2004年には電気自動車のテスラにも投資をして代表者となった。

事情を知らない人から見れば、業種も仕事もバラバラだから、彼が何をやりたいのかわからないだろう。しかし、彼のビジョンは「人類の進化に貢献する」ことにあり、最終的には、①地球環境を守るための持続的エネルギーの確立、②人類の新しいフロンティアとしての宇宙への進出、の二つが掲げられている。

そのために必要な膨大な資金を得る方法を考え、さまざまな事業を起こしては売りさばいて換金してきたに過ぎない。マスクには大きな目的があったので、スタンフォードの大学院まで入ったのにたった2日で退学し、父親から金を借りて一発逆転のベンチャー起業に身を投じた。就職なんて考えもしなかった。こういう考え方も「あり」だ。

ベゾス流、ベンチャーの目的

アマゾンのジェフ・ベゾスはマスクとは違う。彼もやはり宇宙進出を考えていて、マスクのスペースX社（2002年）よりも早い2000年には有人飛行を目的とした宇宙開発企業ブルーオリジンを設立している。

ベゾスはマスクのように転売、転売で資金を集めるのではなく、アマゾンの事業を大きくしていくことが宇宙進出につながっていく、という考えだ。地球上の輸送が終わったら、次にやるのが宇宙輸送、さらに宇宙資源探索も視野に入れていると思う。

だからアマゾンの株価が高くなっても、全部の利益を宇宙開発に回すといい、それでも足りないと、自分の株を毎年数%ずつ売って現金化し、宇宙産業に金を回している。

ベゾスが最終的にやりたいビジョンが宇宙にあるのだから「株を売って保有株が薄まったところでなんら関係ない。オレがいなかったらアマゾンを経営することなど、誰にもできないぞ」と思っているだろう。

グーグルの最終目的は何か？

グーグルの創業者ラリー・ペイジ、セルゲイ・ブリンの2人はグーグルを辞め、現在は「アルファベット」という持株会社に移った。彼らの最終目標も「人類の進化」だ。だから、その目的のためにアルファベットをつくった。グーグルは「G」という、全体の一事業の存在に過ぎない。おそらく、A~Zまでの業種・会社を設立していく気なのだろう。テクノロジー、生命科学、投資、インターネットなどさまざまなファンクションの一つがグーグルなのだ。

アルファベットもある意味で、知識製造業をやっているといえるけれども、彼らは「インターネットの時代は終わる」と思っているから、宇宙、物質、ロボットなどをすべて手がけている。

リバネスが考える「144年の計」

イーロン・マスクやベゾスの生き方、さらにはアルファベットなど世界企業による「人類の進化のために」という大きな方向は置いておくとしても、日本でベンチャーをはじめる以上は「最終目標」をもつべきだ。起業段階では数人規模からスタートしたとしても、死ぬまでには数百人規模の中堅企業になっている可能性がある。

はたして、あなたは本当にそんな大人数の企業を運営したいと思っているのかどうか。運営するということは、経営もしないといけない。それが無理だったら早めに上場して、経営の得意な人を社長に据え、その会社を続けたい人にやらせたほうがいい。

僕はすでに社長の座を譲って、現在はＣＥＯだ。そして、次代の社長どころか「144年の計」ということで、リバネスをどうやって144年後まで持続させるかを考えている。144年というのは12年×12回で、時計がひと回りする期間だ。これを一区切りと考え、「最低でも、僕のビジョンのもとで一区切りはやり通すぞ」というパッションで会社をつくった。だから、リバネスは僕の意思を継いで、その後の社長たちが運転していき、「144年後にはこうなっている」という姿を語りながら、さまざまな事業を推し進めている。

ソフトバンクの孫正義さんになると144年どころか、「創業者の私の最も重要な役割は、最低300年続くソフトバンクグループのDNAを設計することだ」と述べている。そのビジョンは「情報革命で人々を幸せに」である。

ベンチャーを起業するとき、その会社のフィニッシュを考えておく。あなたの最終ビジョンに沿って、マスク流に会社を乗り換えていってもいいし、ベゾスのように一つの会社のまま成長させていってもいい。

いずれにせよ、ビジョンに向かって100%の力を振り絞っていただきたい。

2 ベンチャーには「成功」の二文字は永遠に来ない

終わりなき恐怖に打ち勝てるか？

「ベンチャーで成功する極意」というのは、僕はないと思っている。起業した以上、生半可な利益があがったくらいで一喜一憂していられない。ただただ、ガムシャラにやり続けることだ。だから、リバネスも、ユーグレナも、本人たちはこれっぽっちも「成功した」なんて思ってはいない。

ただ、「永遠に終わらない」という恐怖に負けなければ、たぶんその人は成功する。ベンチャー経営にはゴールがない、完成というものがない。自分が死んだ後でさえ、その会社は続いている。やってみるとわかるが、相当な人が恐怖感を覚える。

終わりのないことに恐怖感を抱く人は、ベンチャーで絶対成功しないし、経営者には向いていない。そういう人は起業などせず、社員として過ごしたほうがいい。

ベンチャーに向いている人とは、毎日毎日、考え続けることを苦にしない人だ。というのは、ベンチャーをやっていると、困難な案件が常に降って湧いてくるからだ。解決しても解決しても、次から次へと降ってくる。会社へ出てきて、毎日モグラ叩きをしているようなものだ。

だから、仕事は終わることがない。増えることはあっても、減ることはない。絶対に終わらないけれども、それを楽しめるようでなければならない。

他人と比較せず、昨日の自分と比較しろ

スティーブ・ジョブズだって、死ぬ前に「オレは人生で成功した」とはいっていない。イーロン・マスクは1兆円以上の個人資産があるようだけれど、それで成功したとは思っていないだろう。成功とは他人と比較して判断することではない、と僕は思っている。

僕が30歳のときの月給は8万円だったから、周りの人間と比較していたら、とっくに心が折れていたに違いない。東大の博士課程まで出たのにたったの8万円？　いや、8万円どころか、5万円のこともあった。5万円生活を苦労と思っていたら、「寒い、ひもじい、死に

たい」となる。とても同期と比較などしていられない。ここは明るく笑うしかない。夕飯なんて、格好つけず、おごってもらえばいい。

大事なのは、他の人とは比較しないことだ。「昨日の自分に勝ったか」だけを考える。昨日の自分より成長したかどうかを楽しめる人になろう。

失敗しないための禁句

苦しいときでも、口に出してはいけない禁句を紹介しておこう。

禁句の一、「オレがこんなに努力して、いちばん頑張っているのに」

禁句の二、「忙しい」

この二つの言葉が出てくる人は、ベンチャーの成功確率が低くなるから、口にしないようにしよう。

ご存じのように、「忙しい」という文字は「心を亡くす」と書く。自分で「オレ、心を亡くしていますから」といっているのと同じだ。

だから、僕はそれに反発して、どんなに時間がないときでも、「オレ？　ヒマだよ、超ヒマ」といって笑っている。もしベンチャー経営者として口癖にするなら、「ヒマだよ」にしてほしい。そうすると、「え、丸さんって、ヒマなのか。かわいそうだから仕事を発注してあげよう」となるかもしれない。そうなればラッキーだ。

くだらないことにもこだわれ

ベンチャー経営者は、くだらないことに「こだわる」ことがあってもいい。分身ロボットのベンチャー、オリィ研究所の吉藤健太朗所長は、いつも黒い白衣を着ている。黒い服にこだわる。そういうのが大事だと思う。彼は平日も休日も関係なく、黒い白衣を着ている。

いつも黒い白衣の吉藤所長

平日と休日の境目がしっかりしている人は、ベンチャーには向かない。僕も平日、休日に関係なく、いつもハイテンションだ。

ユーグレナの出雲社長は、いつも変わったメガネと緑のネクタイしかしない。ミドリムシだから緑のネクタイというわけだ。僕も講演のときは、赤いネクタイをしている。出雲社長にとっては緑が、僕にとっては赤が勝負色なのだ。緊張感が出てくる。そういう意味では、変なこだわりもバカにはできない。大事なことだと思う。

食べ物にもこだわりたい。僕のパワーフードは受験のときも、研究者のときも、いまもずっと「牛丼」だ。牛丼を食べると不思議とパワーが湧いてくる。大学院時代、徹夜で研究をしたあと、明け方の始発で東大から王子神谷の駅に戻り、駅前にあった吉野家の牛丼を必ず食べていた。パワーを出すためだ。当時、牛丼以外なら僕は学食を利用するかウサギのように山盛りのキャベツを食べて生きていた。

貧乏を笑い、それを楽しめないような人はベンチャーなどに憧れず、サラリーマンになったほうがいい。

僕自身、本当にたまたまベンチャーの代表になっただけなので、ベンチャーに進むことを奨励など決してしない。会社を運営すると倒産の危機なども襲ってきて、つらい思いも山ほどする。それでも「やりたい！」と思うぐらいでないと、やってはいけないのだ。ベンチャーはただの「場」に過ぎない。どんな人と、何をやっていくか。それが大切だ。

ベンチャーの仕事はとても楽しい。けれども、とても苦しい。それでもいいんだ、という信念をもっている人であれば、ぜひチャレンジしていただきたい。

3 「我」を通すことができるか？

自分の我を突き通せる人

トップになる人は、ある程度、「自分の我を通す」という力がないと、世界を変えられない。絶対にこれをしたいという「我」がないようでは、大勢に流されてしまう。

リバネスの場合、海外に進出するかどうかで意見が分かれたことがあった。「ウチはまだ早い、時期尚早」という人たちもいた。そんなとき、僕は次のようにいった。

「いま仕掛けないということは、じゃあ、1年後ならいいのか、2年後なら仕掛けていいのか。どうなんだ、ちっとも変わらないだろ。じゃあ、いまやるんだ。僕はいまやりたい。だからやるんだ」

これはロジックではない。とにかく、「いまだ」と思って押しているだけ。だから、正直にいう。

「いま、やりたいと思っている。何か文句あるのか？　もう、止まらない。絶対、いまやるのがいいと思っている。ロジックはないぞ」

リバネスＵＫ（イギリス）をつくったのも、いまフィリピンにシフトしているのも、じつはロジックなんかない。ロジックなんて、あとで辻褄を合わせてつくるものだ。「いまだ！」と思ったときに、その感覚を突き通せることが、やっぱりベンチャーをやっていくためには大事だと思う。

理屈を凌駕する強さ

ユーグレナの出雲社長は、学生時代から強情を張っていた。「イヤだ」の一点張り。

丸「最初からミドリムシ（ユーグレナ）だけじゃなくて、クロレラとかスピルリナとか、他のものもやったほうがいいよ」

出雲「イヤだ。ミドリムシ１本でいきたい」

丸「でも、出雲なぁ、ミドリムシに何かが混入したら全滅するよ。１円にもならなくなる。クロレラとかスピルリナをつくっておけば、他が売れるじゃないか」

出雲「イヤだ。オレはミドリムシが好きだ」

　この段階で、もうダメだとこちらが根負けをする。

丸「わかったよ。ミドリムシでやろう。でもリスクはあるぜ」

出雲「大丈夫。ミドリムシは大丈夫」

　これも、何が大丈夫なのか、サッパリわからない。でも、ユーグレナは綱渡りをしながらも、今日までやってこれた。

　冷静になって考えると、メチャクチャな行動だ。ふつうに判断をすると、絶対に投資したくない会社ナンバーワンだけど、ユーグレナの株価は高い。それは、強情っぱりの出雲が理屈を凌駕した、ということだ。ベンチャーのトップには、この力が必要なのだ。

　いまではクロレラの会社、もやしの会社、えびの会社も買収した。ポートフォリオをきちんと組んである。さらに食品だけでなく、化粧品やバイオジェット燃料も手がけている。1本足ではないので、もうユーグレナが潰れるリスクはかなり低いが、昔はハラハラし通しだった。

「徳」のないところに人は寄りつかない

ベンチャーのスタート時にはトップに「我」も「強情さ」も必要だと思っている。しかし、ベンチャーが一定規模以上の大きな会社に成長していき、多くの人を雇うようになってくると、求められる素養が変わってくる。そのときに求められるのは「徳」という考え方だ。社長の徳、CEOの徳。これがないと、たくさんの人が寄りつかない。「我」や「強情さ」はもって生まれた性格ともいえるけれども、「徳」はあとから誰でも積んでいけるので学ぶことができる。我、強情さの中にも「徳」が見えてこないと、社員はついて来なくなる。

人生論めいたことなど書く気はさらさらないが、「徳」は積んで損のないものであり、後天的に獲得できるものだ。少し会社が大きくなったら、考えてみてほしい。

4 ベンチャーなら、横串で「知」を掘り起こそう！

知識製造業の拠点に向いている日本

「なぜ、リバネスは日本からスタートしたか」というと、「日本人だから日本なのだろう」といわれそうだが、全然違う理由だ。

そもそも僕はシンガポールで子供時代を過ごしていたため、英語はふつうに話せる。だから、日本で起業する必要など何もない。日本にこだわった理由は、リバネスが知識をベースにする企業だったからだ。「知識をベースにする企業は、本社をどこに置けばいいのか？」と考えたとき、出てきた答えがアメリカでも、シンガポールでもなく、日本だったのだ。その秘密は「日本語」にある。

日本語は、知識製造業にいちばん向いている言語だ。たとえば、「旨味」という言葉は、他の国にはない。旨味をグーグル翻訳すると「taste」と変換されるが、tasteは「味」一般であって、旨味だけを指すわけではない。少なくとも、英語には「旨味」に1対1で対応する言葉はないのだ。

ということは、海外の人が「旨味を開発しよう！」としても、初めから他の国には、旨味という言葉も、概念もないのだから表現のしようがないし、開発もできないということになる。

「知識のハブ」は日本がいちばん

本書では、「話せる、書ける」の必要性を問うてきたが、「話せる、書ける」のバリエーションが最も豊富なのが日本語だ。つまり、ベンチャーがさまざまな研究開発の権利・ノウハウを守っていくために文章化するけれども、それを日本語で書いておくと、その文章は英語に翻訳しきれない。たとえば、英語と日本語で「青」を表す言葉は何種類あるか。

英語の場合は、「Blue, Cyan, Navy, Indigo, ultramarine, cobalt, teal, prussian blue, cerulean」などがある。すべてではないとしても、こんなものだろう。

ところが日本語では、「青、紺、藍、水色、空色、群青色《ぐんじょういろ》、瑠璃《るり》色、鉄《くろがね》色、鉄紺《てつこん》、浅《あさ》葱《ぎ》、孔雀青《べにくじゃくあお》、縹《はなだ》、深縹《こきはなだ》、露草《つゆくさ》、勿忘草《わすれなぐさ》、青鈍《あおにび》、紺碧《こんぺき》、天色《あまいろ》、錆鉄御納戸《さびてつおなんど》、納戸色、御納戸茶《おなんどちゃ》、瑠璃紺《るりこん》、青碧《せいへき》、熨斗目色《のしめいろ》……」、まだまだ無限にある。

日本語には、ある色を見たときに何十種類、何百種類という色の表現があって、それを書き留めたとき、英語では対応する言葉がなく、1対1で対応できない。表現しきれない。

ということは、知識が盗まれにくいということになる。だからこそ、リバネスでは、

「最も大事なことは日本語の文章で保存しておく」

と決めてある。**日本語にしておけば、海外に微妙なニュアンスや大事な情報が流失しにくい。**

こうして見てくると、「知識のハブ」になれるのは、日本語をもつ日本だと考えた。海外の英語の文章も、日本語の文章にカスタマイズして翻訳しておくと、取られようがない。それを悟ったとき、僕は「日本という国こそ、知識製造業の拠点になれる」という確信に至った。

日本なら新しいビジネスに打って出られる

医療や薬の分野というのは、効くか効かないかの世界、つまり「0・1」のデジタル情報

の世界なので、このジャンルは日本語向きではない。日本は英語圏に勝てない。けれども、0と1だけでは表現しきれないグレイゾーンのある部分、グラデーションのかかった領域に強いのが日本だ。これがシリコンバレーとは大きく違う点だと思う。

たとえば、すでに述べたように、日本では旨味とかエグミなどを見分けられるので、食の分野ではほとんどで勝っている。他にも、安心、豊かな気持ちなど、人のデリケートな部分を表す日本語はすごく表現が豊かだ。禅も日本ならではだ。お寺にこもって座禅を組むという感覚やメディテーション、そういう人間の感覚を大事にするビジネスは、これから最も有望な市場になるに違いない。

この人間研究[*27]を推進するのに邪魔になるものが、宗教や科学的な用語になるけれども、真の人間の統合理解にはあいまいな第6感のような感覚が介在し、それすらも包括した日本語が存在している。その意味でも、次のビジネスを生むのに最適な場は日本以外にはないと思った。

これまで日本がそれをうまく活用できてこなかったのは、数学、物理、化学、生物といっ

*27 人間研究
リバネスは2016年、ポストヘルス時代における人のあり方を思索する「ヒューマノーム研究所」を設立。多様な研究分野の研究者が集結し、「人間とは何か」というテーマに挑んでいる。

た日本式の縦割りの弊害があったからで、僕は「学際的な横串によって新しいエコシステムをつくれば、日本語でいろいろなビジネスに打って出られる」と考えている。

知を掘り起こし、知を組み合わせ、知をつくることが日本語を使えばできる。日本でなら、できるじゃないか——これこそ僕がリバネスを日本ではじめた本当の理由なのだ。

「知識製造業の拠点」であり、「知のハブ」である日本でベンチャーをはじめたい皆さん、ぜひ日本語の特性、大学の知などを活用しながら、果敢にチャレンジしてみてください！

丸 幸弘（まる・ゆきひろ）

1978年横浜市生まれ。幼少期の4年間をシンガポールで過ごす。06年東京大学大学院農学生命科学研究科博士課程修了。博士（農学）。02年に理工系大学生・大学院生のみでリバネスを設立し、日本で初めて「最先端科学の出前実験教室」をビジネス化。世界から研究者の知を集めるインフラ「知識プラットフォーム」を通じて、200以上のプロジェクトを進行させる。立ち上げからユーグレナの技術顧問を務め、30社以上のベンチャーの立ち上げに携わる。経済産業省とNEDO（新エネルギー・産業技術総合開発機構）から認定を受けているリアルテックファンドの共同代表も務める。著書に『世界を変えるビジネスは、たった1人の「熱」から生まれる。』（日本実業出版社）、『「勘違いする力」が世界を変える。』（リバネス出版）がある。

ミライを変える
モノづくりベンチャーのはじめ方

2017年9月25日　初版第1刷発行

著者　丸 幸弘
発行者　小山隆之
発行所　株式会社 実務教育出版
〒163-8671 東京都新宿区新宿1-1-12
電話 03-3355-1812（編集）　03-3355-1951（販売）
振替 00160-0-78270
印刷　シナノ印刷
製本　東京美術紙工

ISBN 978-4-7889-1445-2　C2034

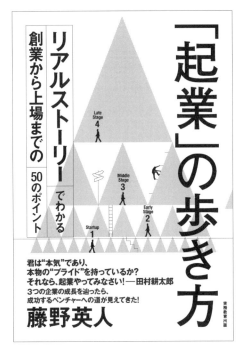